Wolfgang Ratzmann/Peter Zimmerling

Predigen mit Liedern

Beispiele und Reflexionen

Vandenhoeck & Ruprecht

Bibliografische Information der Deutschen Nationalbibliothek:
Die Deutsche Nationalbibliothek verzeichnet diese Publikation in der
Deutschen Nationalbibliografie; detaillierte bibliografische Daten sind
im Internet über https://dnb.de abrufbar.

© 2021, Vandenhoeck & Ruprecht GmbH & Co. KG,
Theaterstraße 13, D-37073 Göttingen
Umschlagabbildung: © Swen Reichhold/Universität Leipzig, SUK

Satz: SchwabScantechnik, Göttingen
Druck und Bindung: ⊕ Hubert & Co. BuchPartner, Göttingen
Printed in the EU

Vandenhoeck & Ruprecht Verlage | www.vandenhoeck-ruprecht-verlage.com

ISBN 978-3-525-62455-5

Inhalt

Vorwort

Es gibt keine empirische Untersuchung zur Häufigkeit evangelischer Predigten über Lieder oder einzelne andere kirchenmusikalische Werke. Aber man darf annehmen, dass sie noch immer Ausnahmen in der evangelischen Predigtpraxis darstellen. Die gottesdienstliche Predigt in der evangelischen Kirche ist in der Regel eine Ansprache, der eine biblische Perikope zugrunde liegt. Und das aus guten theologischen Gründen, denn das Evangelium von der Liebe Gottes zu uns Menschen, das in der Predigt kommuniziert werden soll, wird eben grundlegend in den biblischen Texten bezeugt.

Und dennoch möchten wir Lust machen zur gelegentlichen Predigt über ein Lied, vielleicht auch über eine Kantate oder eine Motette. Wir, die Autoren dieses Buches und Verfasser der hier abgedruckten Predigten, sind davon überzeugt, dass eine solche gelegentliche Unterbrechung des homiletisch Üblichen den Predigerinnen und Predigern hierzulande und den Hörerinnen und Hörern gleichermaßen guttut. Lieder stellen neue Sprachbilder zur Verfügung, um das Evangelium zu kommunizieren. Und sie vermitteln eine Atmosphäre, von der auch der verbale Predigtvollzug profitieren kann.

Die meisten der hier veröffentlichten Predigten sind in Leipzig im Universitätsgottesdienst in der Stadt- und Pfarrkirche St. Nikolai und ab 2018 in der neuen Universitätskirche St. Pauli gehalten worden. Vielleicht spürt man es ihnen ein wenig an, dass wir lange Zeit im akademischen Lehramt als Praktische Theologen tätig waren oder sind. Aber uns beiden lag das praktische Predigen stets ebenso am Herzen, und vor allem im Universitätsgottesdienst hatten wir dazu oft Gelegenheit. Einzelne Liedpredigten haben wir auch anderswo gehalten. Wir sind davon überzeugt, dass solche Predigten nicht nur im akademisch-gottesdienstlichen Rahmen, sondern auch in vielen anderen Ortsgemeinden willkommen sind.

Den hier abgedruckten Predigten sind zwei Aufsätze beigesellt, in denen wir Grundsätzliches und Praktisches zum Thema »Glaube

und Musik« und homiletische Hinweise zur Liedpredigt notiert
haben. Wir hoffen sehr, dass unsere praktischen Beispiele – auch
in aller ihrer Unvollkommenheit – und die ergänzenden praktisch-
theologischen Erläuterungen von Predigerinnen und Predigern als
Anregung verstanden werden, es anderswo ähnlich und vielleicht
sogar besser zu machen. Aber wir wünschten uns auch Leserinnen
und Leser, die einfach Freude haben an der Lektüre einzelner Predigten oder einzelner Gedanken aus einem Aufsatz. Eine Leseecke
in einem Wohnzimmer würde dann zu einem Predigt-Ort eigener
Art. Wir fänden sehr gut, wenn die Botschaft der Lieder und deren
Interpretation nicht nur an eine feste gottesdienstliche Zeit und an
einen kirchlichen oder akademischen Raum gebunden bliebe, sondern wenn sie sich auch anderswo zu Gehör brächte.

Ein besonderer Dank gilt Herrn Pfarrer Sebastian Schirmer, Bocken-
dorf/Sachsen, für die sorgfältige Lektorierung des Manuskripts, Frau
Margitta Berndt, Herrnhut, in bewährter Weise für das Korrektur-
lesen und Frau Jana Harle für deren Betreuung im Verlag.

Leipzig, im Januar 2021

Wolfgang Ratzmann   Peter Zimmerling

I   Lieder predigen – einige Hinweise

Wolfgang Ratzmann

Mit Lust predigen

Wer kein persönliches Verhältnis zu unseren evangelischen Gesangbuchliedern oder zu einzelnen neueren Liedern hat, sollte gar nicht
erst auf den Gedanken kommen, über ein Lied zu predigen. Es wird
ja niemand dazu gezwungen. Über Lieder zu predigen, ist reine Kür –
anders als die vorgeschriebene pastorale Predigt über einen Bibeltext
nach der jeweils gültigen Perikopenordnung. Man kann jahrzehnte-
lang ein guter Pfarrer oder eine beliebte Predigerin sein, auch ohne
je über ein Lied gepredigt zu haben.

Aber hinter dieser vermeintlichen Warnung steht eine Einladung:
Mit diesem Büchlein möchten wir alle Prediger und Predigerinnen,
die viele unserer altehrwürdigen oder neueren kirchlichen Lieder
schätzen, dringend einladen, gelegentlich über ein Gemeindelied
oder vielleicht auch einmal über eine Kantate oder Motette zu predigen. Warum? Es gibt zahlreiche plausible Gründe dafür. Einige
von ihnen nenne ich im Laufe dieses Kapitels. Aber einen möchte
ich hier voranstellen: Wir sollten gelegentlich über ein Lied predigen, weil das unsere Freude an der Predigt stärken kann. Bei allen
Unterschieden in unserer Predigtweise, in unserer Theologie oder
in unseren Gemeindesituationen gilt: Es tut jeder Art von Predigt
gut, wenn die Gemeinde den predigenden Personen gelegentlich
anmerkt, dass sie nicht nur ihre pastorale Pflicht erfüllen, sondern
dass sie es gern, also »mit Lust« tun.

Mit Lust zu predigen, hat nichts damit zu tun, dass Prediger und
Predigerinnen ständig eine Art »homiletisches Dienstlächeln« ein-
zuüben und aufzusetzen hätten. Es geht um etwas viel Tieferes und
Elementares: nämlich, ob wir schon auf die Erarbeitung der Predigt
mit der Erwartung zugehen, dass uns dabei eine neue Einsicht, ein
neuer Schlüsselbegriff, eine sprachliche oder musikalische Stimme
begegnet, die uns berühren könnte. Die Lust an der Predigt beginnt

hier, wenn wir uns mit einer Art geistlicher Neugier an die Predigt-
vorbereitung wagen, und wenn wir dabei – vielleicht in einer für
uns ungewohnten Sprachform – etwas vom Evangelium entdecken,
was wir gern der Gemeinde weitergeben. Und sie setzt sich fort und
nimmt zu, wenn wir im Vollzug der Predigt spüren, dass unsere
Worte mit gespannter Aufmerksamkeit und in geistlicher Neugier
auch von der Gemeinde aufgenommen werden. Ob die Kommunikation des Evangeliums gelingt, hängt sicher von vielen Faktoren
ab – aber nicht zuletzt von der Lust an der Predigt.

Ob Sie, die Leserinnen und Leser, den in diesem Band veröffentlichten Predigten noch etwas von solcher Lust anmerken? Wie auch
immer Ihr Eindruck sein mag: Peter Zimmerling und ich sind uns
darin einig, dass wir Freude daran hatten und haben, gelegentlich
über Lieder oder musikalische Stücke zu predigen. Und wir empfeh-
len Ihnen unbedingt einen solchen homiletischen Lustgewinn durch
eigene Erfahrungen mit der Liedpredigt – vorausgesetzt, Sie haben
ein eigenes positives Verhältnis zu Kirchenlied und Kirchenmusik.

Einige Stationen aus der Geschichte der Liedpredigt[1]

Versteht sich evangelische Predigt nicht stets als Verkündigung auf
der Grundlage eines Bibeltextes? So sind wir es ja gewöhnt. Und viele
wissen, dass Martin Luther sich dafür stark gemacht hat, im Gottesdienst nicht Heiligenlegenden zu erzählen, sondern die Bibel auszu-
legen und so das Wort Gottes der Gemeinde zugänglich zu machen.
Aber schloss das historisch aus, dass in der Predigt auch christliche
Lieder bedacht und als Quelle des Evangeliums einbezogen wurden? Nein. Schon beim Wittenberger Reformator finden sich Vor-
formen einer Liedpredigt, wenn er Liedzitate als Sentenzen, ähnlich

---

1   Ich folge bei diesem Kapitel der bahnbrechenden und umfassenden Dar-
    stellung von Martin Rößler, Die *Liedpredigt*. Geschichte einer Predigtgattung,
    Göttingen 1976, und seinem Beitrag: *Liedauslegung* – Liedmeditation – Lied-
    predigt. In: Christian Möller (Hg.), Ich singe dir mit *Herz und Mund*, Stutt-
    gart 1997, 15–32; vgl. außerdem: Andreas Strauch, *Bausteine* zu einer Theorie
    der Liedpredigt 1. Ein praxisorientierter Beitrag, in: Ralf Koerrenz/Jochen
    Remy, Mit Liedern predigen. Theorie und Praxis der Liedpredigt, Rhein-
    bach-Merzbach 1994, 41–67, hier 41–47.

den Sprichwörtern, gebrauchte oder wenn er sich in einem Predigt-
abschnitt längere Zeit mit der Auslegung eines bekannten Liedverses
beschäftigte. Dennoch finden sich ausführliche Liedpredigten erstmalig in seinem Umfeld, noch nicht bei ihm selbst.

Von Johann Toltz, einem Lehrer aus Plauen im Vogtland, der selbst
kein Gemeindepfarrer war, findet sich erstmalig 1526 eine Weihnachts-
predigt über das damalige weihnachtliche Hauptlied »Ein Kindelein
so löbelich«. Denkbar ist, dass er bei Vertretungsgottesdiensten in
verschiedenen Gemeinden diese und andere Liedpredigten gehalten
hat. »Der Ansatzpunkt bei Weihnachten kam nicht von ungefähr:
Kein christliches Fest hat eine solche Fülle an Bräuchen, Spielen, Darstellungen, Gesängen jeglicher Stilrichtung hervorgebracht; und Predigten über das mehr oder weniger volkstümliche Liedgut fügten sich
nahtlos in den Ablauf der Christvesper oder –mette.«[2]

Nur wenig später veröffentlichte Johann Spangenberg (1484–
1550) Liedpredigten zu den weiteren Festkreisen des Kirchenjahres.
Und sein Sohn Cyriakus Spangenberg (1524–1604) legte 1569/70 im
Druck 87 große Predigten über 39 Lieder vor, darunter über viele
Lieder Luthers und seiner Freunde. Die Liedpredigt scheint sich
gegen Ende des 16. Jahrhunderts in den lutherisch geprägten deutschen Ländern einen festen Platz erobert zu haben. Dabei waren es
vermutlich weniger die Hauptgottesdienste mit Predigt und Abendmahl, in denen man Lieder auslegte. Eher waren es die für die Kinder
und das »Gesinde« bestimmten Früh- oder Vespergottesdienste oder
Kasualien, in denen man gern auf Lieder zurückgriff. Offensichtlich
schätzte man die elementare didaktische Kraft vieler Liedtexte oder
auch ihr Trostpotenzial, das sich bei Trauergottesdiensten besonders
entfalten ließ. Und man ging realistisch davon aus, dass die Lieder
des Gesangbuchs »wohl mit Wahrheit der Laien Loci communes …
genannt werden«.[3] Auch die frühe christliche Homiletik beschäftigte
sich (Nikolaus Rebhan, 1625) in der Folge dieser Praxis u. a. mit der
Frage, ob denn eine solche Predigt erlaubt sei. Und sie bejahte diese

---

2 Rößler, *Liedauslegung*, 1997, 19 f.
3 Anspielung auf die Zusammenfassung der christlichen Lehre im gleichnamigen Buch von Melanchthon, d. h. die Lieder ersetzen für viele Laien
   einen dogmatischen Grundriss der evangelischen Lehre.

Frage, weil in den Liedtexten ähnlich wie in den Katechismustexten das Evangelium in elementarer Weise enthalten sei und weil es wichtig sei, das zu verstehen, was man gern singe.

Eine neue Form, sich in der Predigt mit Kirchenliedern zu beschäftigen, entwickelte sich in der Zeit der lutherischen Orthodoxie nach dem Dreißigjährigen Krieg. Die hier üblichen, meist über eine Stunde langen, Predigten folgten einer strengen Gliederung in mehreren Teilen.[4] Der Eingangsteil, das »Exordium«, wurde nun zum beliebten Ort einer Liedexegese. Er konnte etwa 10 Minuten dauern, bis dann die ausdrückliche Auslegung des Sonntagsevangeliums begann. Der Vorteil war, dass auf diese Weise viele Lieder der großen Erwachsenengemeinde nahegebracht wurden. Der Nachteil lag darin, dass die Lieder aber nun weniger als Einheit empfunden und so auch ausgelegt, sondern eher funktional als Einstiegshilfen für den Bibeltext angesehen wurden, der dann im Zentrum der Auslegung stand. Die Zahl der evangelischen Kirchenlieder wuchs in jener Zeit beträchtlich an. Schon diese Tatsache kann erklären, dass Liedpredigten weiter gefragt waren, und zwar als Exordien-Auslegungen ebenso wie als vollständige Wochenpredigten über die Hauptlieder der Sonntage, die die Gemeinde auswendig mitsingen wollte und sollte, wie auch über viele weitere Lieder, die die Gesangbücher zusätzlich enthielten. Von einem Prediger jener Zeit, Johann Götzinger (1628–1699), ist eine Predigtsammlung mit 273 Predigten über 105 Lieder erhalten. Von dem damals berühmten Leipziger Theologen Johann Benedikt Carpzov ist bekannt, dass er 1688/89 an jedem Sonntag im Exordium über das jeweilige Hauptlied predigte, das davor oder danach in einer Kantate des Thomaskantors Thomas Schelle aufgeführt wurde. Auch Johann Sebastian Bachs berühmte Choralkantaten 1724/25 könnten auf die gleiche Weise zustande gekommen sein.[5]

Während der Pietismus die im Luthertum beheimatete Liedpredigt durchaus schätzte, weil sie seinen glaubenspädagogischen und erbaulichen Anliegen entsprach, wurde sie in der Epoche der Aufklärung mehr und mehr an den Rand gedrängt und de facto ausgeschlossen.

---

4 Zur Predigtweise der altprotestantischen Orthodoxie vgl. Hans Martin Müller, Homiletik. Eine evangelische Predigtlehre, Berlin/New York 1996, 77–82.
5 Rößler, *Liedauslegung*, 1997, 23 f.

Dabei spielte das fehlende Zutrauen eine Rolle, dass aus den Worten einer für überholt angesehenen Zeit heute noch eine überzeugende Glaubensbelehrung oder wirksame seelsorgerliche Tröstung zu entnehmen sei. Zusätzlich erschwerten strukturelle Veränderungen die Liedpredigt: Mehr und mehr fielen viele Nebengottesdienste weg, in denen sie oft ihren festen Ort hatte, und die Gliederungsschemata der früheren lutherischen Lehrpredigt veränderten sich, so dass nun in den Predigteinleitungen kein Raum mehr für Liedauslegungen blieb. Theologisch führten die Romantik und das Erstarken des Neuluthertums im 19. Jahrhundert zwar zu einer neuen Hinwendung zur Tradition und auch zu vielen alten reformatorischen Liedern. Dennoch konnte davon die Liedpredigt nicht profitieren. Die von Karl Barth im 20. Jahrhundert vertretene Dialektische Theologie, die bis in die 1970er-Jahre hinein auch maßgeblich die deutsche Predigtpraxis beeinflusste, verstand sich ausschließlich als homiletische Bibelauslegung. So vergaß man die alte Liedpredigt. Allenfalls in der Katechese wurden einzelne evangelische Lieder Kindern und Heranwachsenden nahegebracht, nicht mehr im Gottesdienst.

Das änderte sich spürbar seit den 1970er-Jahren. Dafür setzte Martin Rößler mit der Wiederentdeckung der historischen evangelischen Liedpredigt einen wichtigen theologischen Impuls.[6] Es hing aber auch mit einer seit jener Zeit unverkennbaren neuen Offenheit für religiöse Erfahrungen zusammen, dass mit dem biblischen Zeugnis nun auch nach Zeugen des Evangeliums in der Geschichte und in der Gegenwart gefragt wurde. Dokumentierten nicht gerade die Glaubenslieder Worte und Töne von Menschen, die das Evangelium in je ihrer Zeit bezeugten und die gerade so als Übersetzer des Evangeliums auch an uns heute geeignet waren? Es fällt jedenfalls auf, dass nun mehr und mehr Liedpredigten veröffentlicht wurden und werden – und zwar von evangelischer wie auch von katholischer Seite,[7] und dass sich auch in Lexika und homiletischen Erörterungen

---

6   Rößler, *Liedpredigt*, 1976.
7   Horst Nitzschke (Hg.), Aus dem *Gesangbuch* gepredigt. Predigten, Meditationen, Gottesdienste, Gütersloh 1981; Christian Zippert, Liedpredigten, Kassel 1984; Martin Rößler, Festgedanken. Bronnweiler Predigten zum Kirchenjahr, Tübingen 1990; Friedrich Wintzer/Henning Schröer (Hg.), Lebendiger Glaube. Liedpredigten zu neuen und alten Liedern, Göttingen 1997; Möller, *Herz*

immer wieder einmal größere oder kleinere Hinweise auf die Liedpredigt finden.[8] In den meisten gegenwärtigen Lehrbüchern der
Homiletik[9] wird sie allerdings ebenso wenig erwähnt wie in den
vielbeachteten Publikationen zur »Dramaturgischen Homiletik«
von Martin Nicol und Alexander Deeg.[10] Eine wichtige Ursache für
dieses Defizit liegt wohl darin, dass heute eher auf Beispiele aus
der gegenwärtigen säkularen Literatur und Kunst verwiesen wird
und auf die mit ihnen möglichen »Wechselspiele« zwischen Bibeltexten und solchen Texten des gegenwärtigen Lebens. Doch was
in den allgemeinen Lehrbüchern fehlt, muss eben dann in Spezial-
veröffentlichungen in der Art unseres hier vorliegenden Buches
besonders bedacht werden. Denn wir halten es für wichtig, dass
auch heute und zukünftig die Liedpredigt und Predigten als Musik-
auslegung gelegentlich die Verkündigungspraxis unserer Gemeinden
bereichern. Außerdem stellt die Liedpredigt heute auch deswegen
eine hilfreiche Form der Verkündigung dar, weil die Kenntnis vieler wichtiger evangelischer Choräle bei vielen Gemeindegliedern
abnimmt und weil die Tendenzen zum musikalischen Partikularis-
mus in unseren Gemeinden zunehmen. Musikalische Gottesdienste,
in deren Zentrum eine Liedauslegung steht, können diesen Entwicklungen in ihrer Weise heilsam gegensteuern.

---

und Mund, 1997; Reinhard Ellsel, Gott hält sich nicht verborgen. Predigten
zu Liedern von Jochen Klepper, Bielefeld 2003; Christof Windhorst, Gott
ist im Kommen. Predigten zu Liedern im Advent, Bielefeld 2005; Reinhard
Ellsel, Du kommst und machst mich froh. Predigten zu Liedern von Paul
Gerhardt, Göttingen 2006; Wolfgang Huber, Hoff und sei unverzagt. Liedpredigten zu Paul Gerhardt, Berlin 2007; Martin Rößler: Psalter und Harfe,
wacht auf. Liedpredigten, Stuttgart 2009.

8 Jürgen Henkys, Art. *»Liedpredigt«,* in: MGG 2. Ausg., Sachteil 5 (1996),
  Sp. 1335–1337; ders., Art. *»Liedpredigt«,* in: RGG 4. Aufl. 2002, Bd. 5,
  Sp. 367 f. Nur knappe Hinweise finden sich in: Karl-Heinrich Bieritz u. a.
  (Hg.), Handbuch der Predigt, Berlin 1990, 285 f. (H.-H. Jenssen) und in:
  Wilfried Engemann (Hg.), Theologie der Predigt. Grundlagen – Modelle –
  Konsequenzen, Leipzig 2001, 123–136, bes. 133 (H. Schröer).

9 Vgl. z. B. Wilfried Engemann, Einführung in die Homiletik, Tübingen/Basel
  2002; Albrecht Grözinger, Homiletik, Gütersloh 2008.

10 Martin Nicol, Einander ins *Bild* setzen. Dramaturgische Homiletik, Göttingen ²2005; Martin Nicol/Alexander Deeg, Im *Wechselschritt* zur Kanzel-
  Praxisbuch Dramaturgische Homiletik, Göttingen 2005.

Kommunikation des Evangeliums durch Lieder?

Predigten sind vor allem dazu da, um mit menschlicher Sprache von heute der Kommunikation des Evangeliums zu dienen.[11] Aus diesem Grund liegt ihnen in der Regel ein Bibeltext zugrunde, weil das Evangelium von der Liebe Gottes zu uns Menschen in der Heiligen Schrift grundlegend bezeugt ist. In der Predigt soll es so mit der Lebenswirklichkeit und den Erfahrungen der Menschen heute »ver-sprochen« (Ernst Lange) werden, dass sie es als für sie relevant und sie betreffend hören und annehmen können. Darf man, wenn der Bibeltext eine solch fundamentale Bedeutung hat, ihn durch ein Lied ersetzen?

Zunächst bedeutet Liedpredigt nicht, dass in ihr keinerlei andere Texte, auch keine Bibeltexte, vorkommen dürften. Es gibt viele evangelische Choräle, die selbst aus Bibeltexten hervorgegangen und von biblischen Metaphern oder Schlüsselbegriffen erfüllt sind, man denke z. B. an die vielen Weihnachtslieder, in denen die lukanische Weihnachtsgeschichte nacherzählt wird, oder an die vielen Lieder, die einem alttestamentlichen Psalm folgen. Insofern führt uns das Eintauchen in den Text eines solchen Liedes oft mitten hinein in das Wechselgespräch eines Autors mit einem oder mehreren biblischen Texten. Es könnte sein, dass sich schon aus Spannungen zwischen Bibel und Liedtext ein interessanter Gedanke, vielleicht sogar eine Predigtidee entwickelt.

Zum anderen begegnen wir in vielen Liedern zwar auch anderen Sprachbildern, Gedankengängen und Empfindungen, die nicht unmittelbar aus biblischen Texten entstammen. Vielleicht zeigen sie ihre innere Herkunft aus der christlichen Mystik, wie z. B.

---

11 Die Formel »Kommunikation des Evangeliums«, eingeführt von Ernst Lange in der 1960er-Jahren, ist zu einem Leitbegriff in der gegenwärtigen Praktischen Theologie geworden. Mit ihm wird u. a. ausgedrückt, dass es neben der Predigt eine Fülle weiterer Verkündigungsformen des Evangeliums gibt, z. B. durch die Medien, schulischen Unterricht oder christliche Lebenspraxis in den Familien, und dass gelingende Verkündigung keine Einbahnstraßen-Information ist, sondern dialogische Strukturen benötigt. Dennoch bleibt auch die Predigt heute ein wichtiger Beitrag zur Kommunikation des Evangeliums, und sie benötigt selbst eine kommunikative Gestalt; vgl. Christian Grethlein, Praktische *Theologie*, Berlin/Boston 2012; Michael Domsgen/Bernd Schröder: *Kommunikation des Evangeliums. Leitbegriff der Praktischen Theologie*, Leipzig 2014.

beim Weihnachtslied »Es ist ein Ros entsprungen« (EG 30), oder man spürt, wie sich ein besonderes Lebensschicksal in einem Text abbildet, wie z. B. in Bonhoeffers »Von guten Mächten« (EG 65). Aber wir spüren beim Lesen und Singen, wie sehr diese Lieder im biblischen Evangelium verwurzelt sind und in ihrer eigenen Sprache dennoch die Essenz des biblischen bezeugten Evangeliums widerspiegeln. Der frühere Berliner Theologe Jürgen Henkys, dem wir eindrucksvolle Liedtexte und wunderbare Übersetzungen in unserem Gesangbuch verdanken, hat recht, wenn er das Kirchenlied als »ein Kondensat der biblischen Botschaft« bezeichnet, »dessen ursprüngliche Kraft, sich selbst zu applizieren, durch text- und zeitgemäße Auslegung aufs Neue freizusetzen und zu bündeln ist.«[12] Im Übrigen sind es gerade viele dieser nicht-biblischen Metaphern in den Liedern, die als Auslegungsgrundlage gerade eine Liedpredigt sprachlich oft frisch und inspirierend machen können. Besonders an kirchlichen Hochfesten, wenn immer wieder bekannte Bibeltexte ausgelegt werden, können wir uns von manchem Lied einmal ein Sprachbild oder einen Begriff leihen, um die Kommunikation des Evangeliums aus der Ermüdung und Langeweile zu erlösen und in einen neuen und überraschenden Sprachraum zu stellen. Ohne ein bestimmtes Maß an Überraschung kann keine lebendige Kommunikation gelingen, auch die des Evangeliums nicht. Und nach außen hin kann gerade durch solche Lieder die biblische Botschaft zur »Tür und zum Transparent für die Bibel« werden, denn in dieser »künstlerisch emotionalen Gestalt« eines Liedes, interpretiert durch singende und musizierende Personen, wird das Evangelium oft bereitwilliger aufgenommen als in der Urgestalt eines biblischen Textes. Mit den Worten von Martin Rößler: »Das Lied propagiert und prolongiert die Bibel; es vergrößert ihre Reichweite, ihr Schallvolumen in den Häusern und Schulen, Konzertsälen und Kirchenschiffen.«[13]

---

12 Henkys, *Liedpredigt*, 1996, 1335.
13 Rößler, *Liedauslegung*, 1997, 29.

Mit einem Dichter im Gespräch

Bei einer Liedpredigt begegnen wir nicht nur einem Text und einer mehr oder weniger dazugehörigen Melodie, sondern mit dem Text zugleich auch einer Autorin bzw. einem Autor. Oft wissen wir den Namen der Dichterin oder des Dichters des ursprüngliches Texts und es sind Umrisse der Biografie bekannt. Mitunter ist die Entstehungsgeschichte auch sehr viel komplizierter, und wir wissen von der ursprünglichen Autorin bzw. dem ursprünglichen Autor so gut wie nichts. Mit der Verfasserin und dem Verfasser rückt uns eine bestimmte Epoche nahe, in der das Lied entstanden ist und die von einer eigenen Frömmigkeit und Glaubenssprache, aber auch von prägenden gesellschaftlichen und politischen Herausforderungen gezeichnet war. Einer der wichtigsten Gesangbuchdichter, Paul Gerhardt, hat seine großartigen Lieder während des Dreißigjährigen Krieges und unter schwersten persönlichen, beruflichen und familiären Schicksalsschlägen gedichtet. Über die Lieder kommen wir mit diesen Zeugen des christlichen Glaubens ins Gespräch. Wir beginnen zu staunen, wie sie ihre schweren Lebensschicksale aushalten und zugleich solche tröstlichen Texte verfassen konnten. Wir stellen unsere eigenen Erfahrungen des Glaubens und Zweifels neben die Worte ihrer Lieder. Vielleicht spüren wir einen Abstand zu ihnen und ihrer Art zu denken und zu glauben, sogar Gefühle von Protest und Widerstand. Aber vielleicht fühlen wir uns dennoch ermahnt, getröstet oder gestärkt.

Es wäre fast sträflich, wenn wir in einer Liedpredigt am Lebensgeschick der Autorin bzw. des Autors vorbeigehen würden. Es kann wichtig sein, etwas von den damaligen Frontstellungen in Gesellschaft und Kirche zu erfahren, etwas zu hören vom Anlass der Entstehung eines Liedes und von der ersten Gemeinschaft, für die es bestimmt war. Für solche historischen Informationen stehen uns viele Veröffentlichungen zur Verfügung: Zu jedem bekannten Lied und zu dessen Geschichte gibt es inzwischen einen Wikipedia-Artikel im Internet. Außerdem bieten Buchhandel und Bibliotheken mehrere wissenschaftlich verlässliche Werke an, in denen der heutige kirchenhistorische und hymnologische Stand zu einzelnen Liedern bzw. zu Liederdichtern und -komponisten zusammen-

gefasst wird.[14] Aber diese homiletische Zuwendung zum Lebensschicksal und Denken der Dichtenden und Komponierenden
kann auch ihre Gefahren haben: Es kann in einer Predigt nicht
darum gehen, in der Art eines Lexikonartikels eine geschlossene
Biografie darzubieten, sondern es geht um solche historisch-bio-
grafischen Einblicke, von denen aus dieses konkrete Lied tiefer zu
erfassen ist. Biografisches sollte dann eher erzählt und nicht nur
trocken berichtet werden. Aber wir als Predigerinnen und Prediger sollten dabei zugleich darauf achten, dass mit uns die fromme
erzählerische Fantasie nicht durchgeht: Wir müssen die Lieder-
dichterinnen und -dichter nicht zu untadeligen Heiligen stilisieren,
die mit ihrem Leben alles »bewiesen« hätten, was sie in ihren Liedern gedichtet haben. Es gehört zum Liebeslied ebenso dazu wie
zu den Vertrauens- und Dankliedern des Glaubens, dass sie Wünsche und Hoffnungen zur Sprache bringen, die unserer Wirklichkeit voraus sind. Sie bringen etwas zur Sprache, worauf wir hoffen –
nicht nur, was wir alles schon eingelöst und »bewiesen« haben. »In
allen meinen Taten lass ich den Höchsten raten« (EG 368), dichtete
Paul Fleming 1642. Dieses Wort ist wahr, auch wenn der Dichter
in der Realität seines Lebens nicht immer danach gehandelt haben
wird. Es spricht von einer Wahrheit, die ich in Anspruch nehmen
und für mich gelten lassen kann und deren Weisheit sich für mich
erst so erschließt.

---

14 Vgl. zu den EG-Liedern: Karl Christian Tust, Die Lieder des Evangelischen
  Gesangbuchs, Bd. 1, Kassel 2012, Bd. 2, Kassel 2015; die von der EKD ge-
  förderte offizielle »Liederkunde zum Evangelischen Gesangbuch (= Hand-
  buch zum Evangelischen Gesangbuch Bd. III)« erscheint seit 2012 in Ge-
  stalt von einzelnen Heften: Heft 1, hg. v. Gerhard Hahn und Jürgen Henkys,
  Göttingen 2000, bisher sind 12 Hefte erschienen; zum römisch-katholischen
  Gotteslob: Ansgar Franz, Hermann Kurzke und Christiane Schäfer (Hg.), Die
  Lieder des Gotteslob. Geschichte – Liturgie – Kultur, Stuttgart 2017; hilfreich
  für die Kenntnis der Biografien von Dichtern und Komponisten insgesamt:
  Martin Rößler, Liedermacher im Gesangbuch, Stuttgart ²2019.

Hermeneutik des Zutrauens

Wenn wir uns ins Gespräch mit einem Dichter und dessen Text begeben, kann Widerspruch entstehen. Er kann von einem anderen Gottesbild oder von einer mir und uns heute fremden Sicht der christlichen Lebensgestaltung erfüllt sein. Wir entdecken u. U. eine Kluft zwischen uns und dem Lied, die es uns schwer macht, über ein solches Lied zu predigen.

Unter den publizierten Liedpredigten der letzten Jahrzehnte ist eine umstrittene Liedpredigt von Klaus Eulenberger über das Paul-Gerhardt-Lied »Die güldne Sonne« (EG 449) besonders bekannt geworden. Der Prediger entdeckt – vor allem in der Schlussstrophe, V 12 – einen »beschwichtigende[n] und vertröstende[n] Glauben, der alles gegenwärtige Leiden überspringt«.[15] Und er kommt – in seiner Predigt, nicht etwa in der Vorarbeit (!) – zu dem Schluss: »Dieses Lied kann und darf nicht mehr gesungen werden. Es geht nicht mehr. Die Christen haben kein Recht und keine Möglichkeit, nach Auschwitz noch von einem Gott zu singen, dessen Werke und Taten allein im ›Segnen und Mehren‹ und ›Unglück verwehren‹ bestehen, der ›niemals keinen zu sehr betrübt‹ habe und der die Frommen – aber nur sie – am Ende, nach Kreuz und Elend, in den Himmel holt, den er sich zu Ehren, als Denkmal seiner Herrlichkeit, errichtet hat. Dieses Lied ist nicht nur zu harmlos, es ist falsch.«[16] Eine solche Predigtpassage wird dem nicht gerecht, was man von einer Predigt erwartet, nämlich der Kommunikation des Evangeliums zu dienen, sondern sie ist eher ein »kläglicher Liedzerriß«,[17] wie es zu Recht Jürgen Henkys beklagt. Über die radikal-kritische Position des Predigers sollte man theologisch diskutieren, wenn dazu Gelegenheit ist. Aber deren Ausbreitung in einer Predigt ist völlig unangemessen. Wenn der Prediger so denkt, wie er schreibt, dann hätte er sie nicht halten dürfen oder vielleicht ein ganz anderes Lied wählen müssen, zu dessen Text er innere Zugänge findet.

---

15 Klaus Eulenberger, in: Nitzschke, *Gesangbuch*, 1981, 112 f.

16 Ebd., 115

17 Jürgen Henkys, Art. »Kirchenlied III. Praktisch-theologisch, in: TRE 18 (1989), 638–643, Zit. 640.

Wer Lieder predigt, benötigt so etwas wie eine innere Haltung des Zutrauens zu den Liedern bzw. zu dem Lied, was er bzw. sie auslegen will. Eine solche Haltung kann ein bestimmtes Maß an Distanz und Widerstand zu einzelnen Formulierungen oder Gedankengängen des Liedes mit einschließen. Viele Lieder kommen ja aus einer fremden Zeit und sprechen deswegen auch eine uns zunächst oft fremde Sprache. Aber wir wissen, dass viele Menschen, getragen von bestimmten Zeilen oder Wendungen solcher Lieder, ihr Leben gelebt und damit auch ihren Glauben ausgedrückt haben. Auch wenn wir zunächst einen Abstand gegenüber einem bestimmten Lied spüren: Wir brauchen eine Portion Respekt vor der Autorin bzw. dem Autor und vor der meist segensreichen Geschichte dieser Lieder, und wir benötigen Zutrauen zu dem in ihnen bezeugten Glauben. In einer solchen Hermeneutik des Zutrauens kann es sich ergeben, dass sich einzelne Sprachbilder und Gedankengänge aus diesen Liedern, so fremd sie u. U. zunächst auf uns wirken, dennoch als tragfähig, als inspirierend und motivierend, als heilsam und tröstend für unseren oft eher kärglichen Glauben heute herausstellen.

Fulbert Steffensky hat in vielen seiner Aufsätze und Bücher eindrucksvoll dafür plädiert, sich für die alte und oft fremdartige »Sprache der Geschwister«, wie sie uns in alten Liedern, Gebeten oder Bekenntnissen begegnet, neu zu öffnen: »Die alte Sprache verbindet mich mit den unabgegoltenen Sehnsüchten und den immer noch nicht erfüllten Träumen der Toten. Gerade die alte und mir nicht eigentliche Gestalt der Sprache hilft mir im Glauben. Sie formuliert mich dahin, wo ich noch nicht bin ... Mein Glaube an das Leben wird von außen erstellt, durch den Glauben all derer, die diese Formel für ihre Hoffnung gefunden und vor mir gesprochen haben.«[18] Gerade Liedpredigten können geeignete Gelegenheiten sein, dem eigenen kärglich gewordenen Glauben aufzuhelfen und uns in den Klangbereich von Sätzen und Tönen zu begeben, die von glaubenden Menschen vor uns gesungen und gesprochen wurden und deren Sprache wir uns heute leihen können. Vielleicht wird etwas von ihr eines Tages zu unserer Sprache.

---

18 Fulbert Steffensky, Feier des Lebens, Stuttgart 1984, 34 f.

Ein Wort noch zur Liedgeschichte. Oft sind von christlichen Glaubensliedern segensreiche Wirkungen ausgegangen. Es hat mich z. B. beeindruckt, dass sich auf dem entsetzlichen Schlachtfeld von Verdun Soldaten beider kriegführender Seiten, junge Männer aus ganz unterschiedlichen Ländern und christlichen Konfessionen, am Heiligen Abend unter den Klängen des Weihnachtslieds »Stille Nacht« friedlich begegnet sein sollen. Manchmal, leider viel zu selten, stoßen wir auf solche eindrucksvollen Berichte aus der Geschichte unserer Lieder. Und manchmal erfahren wir auch aus der Wirkungsgeschichte eines Liedes, wie Texte brutal verändert und Strophen weggestrichen wurden, um das kleine wehrlose Lied den jeweiligen eigenen theologischen oder politischen Interessen anzupassen. Auch hierfür finden sich in der Geschichte von »Stille Nacht« bestürzende Beispiele. Oder wir entdecken, wie doxologische Lieder, die die Güte und Größe Gottes preisen, zu nationalistischen Feiern missbraucht wurden, in denen ein Regime eigentlich vor allem sich selbst und seine Größe zu preisen versuchte. Eine Hermeneutik des Zutrauens ist nicht mit einer rosaroten Brille zu verwechseln, die nur Schönes sehen will. Sie nimmt vielmehr alles zur Kenntnis, was mit der Geschichte eines Liedes historisch verbunden ist und was wir von ihr wissen können. Aber sie gibt ein Lied nicht vorschnell auf, sondern traut ihm zu, dass auch unter manch fremden oder fragwürdigen Wörtern oder unter dem Missbrauchsschutt alter Zeiten noch immer die leise oder laute Stimme des Evangeliums zu vernehmen ist.

Texte und Töne

Theologinnen und Theologen sind ausgebildete Fachleute für die Auslegung von Texten – für die Exegese der Schriften des Alten und Neuen Testaments, für Urkunden und Berichte aus der Geschichte der Kirche, für die Interpretation philosophischer oder systematisch-theologischer Ausarbeitungen. Und wo Predigten vorbereitet werden, dort steht die Konzentration auf den jeweils gegebenen biblischen Text im Zentrum der Arbeit. Das mag bei Bibeltexten noch angemessen erscheinen, bei Liedauslegungen stimmt diese Perspektive nicht mehr. Lieder sind mehr als Gedichte, die nur aus Worten

bestehen. Sie verbinden Texte und Töne. Was bedeutet das, wenn
wir über Lieder zu predigen haben?

Eine elementare Schlussfolgerung ist, dass das jeweilige Lied vor
oder nach der Predigt bzw. versweise zwischen mehreren kürze-
ren Predigtteilen erklingt. Dabei sollte die Gemeinde in der Regel
selbst das Lied singen. Es können aber auch ergänzend oder stellvertretend Solostimmen bzw. ein Chor Verse vortragen. Das bietet sich
besonders dort an, wo es von einem Lied unterschiedliche textliche
oder musikalische Fassungen gibt, die in der Gemeinde unbekannt
sind, aber die man jetzt einmal kennenlernen kann. Auch eine rein
instrumental ausgeführte Konzentration auf die Melodie oder vielleicht auch nur auf einen Teil der Melodie kann helfen, die musikalische Gestalt des Liedes aufmerksam wahrzunehmen. Dabei sind
von klassischen Choralvorspielen der großen Altmeister der Orgel-
musik bis hin zum Spiel einer Solovioline viele Varianten möglich.
Schön wäre es, wenn dabei etwas von der jeweiligen Atmosphäre
einer Melodie bzw. eines Liedsatzes spürbar wird. Dazu ist gespannte
Stille nötig, das gemeinsame Hören, evtl. ein kurzer Austausch mit
der Gemeinde (im kleineren Rahmen) bzw. der verbale Versuch
der Predigerin bzw. des Predigers, diese Atmosphäre in Worte zu
fassen (in größeren Kirchenräumen). Dann ist der Weg zum Text
des Liedes gebahnt, indem die Gemeinde schon emotional im Lied
angekommen ist.

Eine weitere Schlussfolgerung kann darin liegen, bei der verba-
len Auslegung des Textes auch bestimmte Wendungen der Melodie mit in den Blick zu nehmen. Oftmals bilden Melodie und Text
eine klare Einheit, in der sich Worte und Töne gegenseitig stützen,
wie es z. B. unverkennbar beim Kanon »Vom Aufgang der Sonne
bis zu ihrem Niedergang« (EG 456) zu erkennen ist, wo in den ersten vier Takten des Liedes Sonnenaufgang und Untergang musika-
lisch-melodisch abgebildet worden sind. Allerdings sind nicht in
jedem Lied die Zusammenhänge so offenkundig. Manche Melodie
ist erst viel später mit dem Text eines Liedes verbunden worden.
Außerdem passt nicht jede Strophe eines Liedes so auf die Melodie,
wie es vielleicht bei der ersten Strophe der Fall ist. Es gibt insofern
viele Gründe, sich in der Predigt auf den Text zu konzentrieren und
nicht immer die Text-Ton-Verbindung mit in den Blick zu nehmen.

Aber wo es sich anbietet, sollten wir als Predigerinnen und Prediger die Chancen nutzen und nicht nur auf die Sprache der Texte, sondern auch auf die der Töne zu achten, die in ihrer Weise etwas Besonderes und Wertvolles zur Kommunikation des Evangeliums beizutragen vermögen.

Anlässe, Formen und Predigtlust

Gibt es besondere Anlässe, um Liedpredigten zu halten? Offensichtlich haben viele Autorinnen und Autoren die Einführung des damals neuen »Evangelischen Gesangbuchs« in den 1990er-Jahren bzw. des früheren römisch-katholischen »Gotteslobs« in den 1970er-Jahren zu Recht als Anlässe gesehen, zu solchen Zeitpunkten verstärkt über Lieder zu predigen.[19] Die Herausgabe eines neuen evangelischen Gesangbuches wird zwar zur Zeit in verschiedenen Fachgremien erwogen, sie dürfte aber noch einige Zeit auf sich warten lassen. Doch mit der Einführung des neuen Perikopensystems für die gottesdienstlichen Lesungs- und Predigttexte sind auch einige Wochenlieder verändert worden.[20] Manche davon sind noch wenig bekannt. Das könnte zum Anlass genommen werden, die Gemeinde mit solchen Wochenliedern, vor allem bisher wenig bekannten, über eine Liedpredigt bekannt zu machen.

Einen anderen Anlass findet man schon in der Geschichte der Liedpredigt reichlich: Gerade in den Festzeiten des Kirchenjahres, besonders in der Weihnachtszeit, weicht man gern von der üblichen Predigt über einen Bibeltext ab und wählt ein Lied, das reichlich gesungen und über das auch gepredigt wird. Es mag viele Gründe dafür geben: die etwas andere, oft mehr vom Brauchtum mitbestimmte Art der Vesper- und Gottesdienstgestaltung, die wichtige Rolle der Lieder in Festzeiten usw. Aber vielleicht ist der Hauptgrund auch schon früher die drohende Predigt- und Gottesdienstmüdigkeit gewesen. Die Vielzahl der üblichen erwarteten Predigten an den vielen Sonn- und Feiertagen nimmt den Predigerinnen und

---

19 Vgl. Möller, *Herz und Mund,* 1997; Paul Nordhues/Alois Wagner (Hg.), Predigten zum Gotteslob, Bd. 1–3, Granz u. a. 1976/77.
20 Vgl. Liturgische Konferenz (Hg.), Perikopenbuch, Bielefeld 2018, 851–859.

Predigern mitunter die Lust – und auch die Gemeinden sind mit
dem üblichen Gottesdienstprogramm kaum mehr in die Kirchen zu
locken. An den zweiten Feiertagen, am kurz vor Weihnachten liegenden vierten Adventssonntag oder am Sonntag nach Weihnachten
droht mitunter eine Art »Gottesdienst-Streik« durch die Gemeinde.
Als geeigneter »Streikbrecher« kann sich ein musikalischer Gottesdienst bewähren, in dessen Mittelpunkt eine Liedpredigt steht und
der mit eher sparsamen musikalischen Mitteln – einer Solostimme,
einem Soloinstrument, aber einer reichlich singenden Gemeinde –
wieder neu zum Gottesdienstbesuch motivieren kann.

Ein dritter Anlass kann mit dem Gottesdienst-Konzept einer
Gemeinde gegeben sein, die im ständigen Wechsel Predigtgottes-
dienste, Abendmahlsgottesdienste, Familiengottesdienste und – vielleicht – musikalische Gottesdienste plant. In den musikalisch akzen-
tuierten Feiern hätten dann Liedpredigten einen festen Ort.

So unterschiedlich die Anlässe sein mögen, so vielfältig können die homiletisch-dramaturgischen Formen ausfallen, in denen
Liedpredigten gestaltet werden. Unerlässlich ist für sie nur, dass das
jeweilige Lied im engen Umfeld der Predigt gemeinsam gesungen
wird – vorher, dazwischen und/oder danach. Die Liedgeschichte
und die Dichterinnen- oder Dichterbiografie bieten zusätzliches
Material zur Auslegung. Aber dabei ist darauf zu achten, dass die
Predigt nicht zum historisch-distanzierten Vortrag wird. Eigene
Erfahrungen und Empfindungen der Predigenden, aber auch Mei-
nungen und Vorlieben aus der Gemeinde zu diesem Lied, sollten einbezogen werden. Die Situation heute, in der wir dieses Lied hören,
darf angesprochen werden. Aber im Mittelpunkt sollte die Suche
nach der Botschaft stehen, die aus diesem Text und evtl. aus dieser
Melodie heraus erklungen ist oder auch heute zu uns erklingt. Ein
formales Schema, wie eine solche Predigt sinnvollerweise aufgebaut
werden sollte, gibt es nicht. Die Lust, es einmal mit einer Liedpredigt
zu versuchen, sollte m. E. nicht durch zu viele formale Regeln eingeschränkt werden.

Rudolf Bohrens Predigtlehre beginnt mit dem überraschenden
Satz: »Vier Dinge tue ich leidenschaftlich gern: das Aquarellmalen,
das Skilaufen, das Bäumefällen und das Predigen.« Und wenig später heißt es vom Predigen: »Die Seligkeit, die es eröffnet, ist nicht

zu beschreiben.«[21] Der homiletische Altmeister Bohren sieht den tieferen Grund zu solcher Seligkeit vor allem im Hören des Wortes gegeben, das die Beschäftigung mit dem biblischen Text – so Gott will und wir hören – freisetzt. Auch die Beschäftigung mit einem Lied steht ja unter der Verheißung, dass die Stimme des Evangeliums aus ihm schon bei der Vorbereitung die Predigerinnen und Prediger erreicht und dass sie so wieder neue Lust an der Predigt entwickeln. Aber ich glaube, dass auch die relative Freiheit von formalen Regeln, die Chance zum eigenen Entwurf und die notwendige Kreativität bei der konkreten Gestaltung in ihrer Weise dazu beitragen können, wieder neu und »mit Lust« zu predigen.

---

21 Rudolf Bohren, Predigtlehre, München 1980, 17.

II Predigtbeispiele im Rhythmus des Kirchenjahres

Advent

Liedpredigt »Die Nacht ist vorgedrungen«[22]

Wolfgang Ratzmann

Orgel-Improvisation zum Lied – besonders zum Thema »Nacht«

Liebe Gemeinde,

woran denken Sie, wenn Sie das Wort »die Nacht« hören? Woran werden Sie erinnert?

Was sich die einen unter »Nacht« vorstellen, ist manchmal etwas ganz anderes als das, was anderen dazu einfällt.

- Ein verliebtes Paar denkt sehnsüchtig an die Nacht, in der alles andere im Dunkel versinkt: die Nacht als Zeit der Liebe, der Zärtlichkeit, der Hingabe.
- Eine schwerkranke und alt gewordene Frau fürchtet sich vor jeder Nacht, weil sie dann viele Stunden wachliegt, im Dunkel, wachgehalten von Schmerzen und von Sorgen: die Nacht als Ort von Schmerzen und Angst.
- Ein junger Wissenschaftler hofft auf die lange Nacht, die vor ihm liegt und in der ihn nichts und niemand stören wird: die Nacht als Zeit zur Konzentration.
- Jugendliche freuen sich auf die Nacht, in der sie einen draufmachen und den Alltag von Schule und Berufsausbildung wieder einmal hinter sich lassen und vergessen wollen, mit Tanz und Musik und schnellen Autos: die Nacht als Zeit der Ekstase.

---

22 EG 16, Borna, am 2. Advent 2000.

Die Nacht – wir erleben sie ganz unterschiedlich.

Für Jochen Klepper, der das wunderbare Lied »Die Nacht ist vorgedrungen« gedichtet hat, hatte die Nacht vor allem eine symbolische Bedeutung. Für ihn ist sie ein Bild von der Wirklichkeit überhaupt: vom Leben in dunkler Zeit, von der Nacht der nationalsozialistischen Diktatur zwischen 1933 und 1945. Klepper, ein äußerst sensibler junger Mann, eher kränklich als stark, Pfarrersohn, kurz vor der Machtübernahme Hitlers verheiratet mit einer Jüdin, die zwei Töchter mit in die Ehe bringt. Ein junger Schriftsteller, der sich – mühsam genug – durch Aufsätze und Romane, durch Gedichte und Kirchenlieder Anerkennung zu erwerben sucht. Der aber nicht auf der gewünschten politischen Linie liegt und durch die Ehe mit einer Jüdin immer tiefer in die Nacht der Menschenverachtung, des Rassismus, der Judenverfolgung hineingezogen wird. »Wenn man doch nicht von Tag zu Tag noch immer müder würde. Und Schmerzen, Schmerzen, Jahr um Jahr Schmerzen«, so schreibt er 1937 in sein Tagebuch, und dabei sind es weniger die physischen Schmerzen, die er als kränklicher Mensch auch reichlich kennt, sondern vor allem die bitteren seelischen Schmerzen, die ein unmenschliches Regime ihm, seiner Frau und seinen Kindern zufügt. Er erlebt es, wie Jahr um Jahr diese Nacht vordringt: Rassengesetze, Kristallnacht, Judenstern, Deportationen, »Endlösung«. Er erlebt es, wie man auch ihn hinausdrängt aus den Medien, aus anerkannten Stellungen. Er erlebt Kriegsbeginn und Einberufung. Nacht, finstere Nacht.

Klepper leidet auch deswegen unter dieser Nacht, vielleicht sogar schwerer als andere, weil er nicht nur den großen Verführern, wie Hitler und Goebbels, die Schuld gibt, sondern weil er das ganze deutsche Volk und sich selbst mit hinein verwickelt sieht. Es ist nicht nur die Maßlosigkeit und Arroganz der Machthaber über andere Menschen und über Gott, es ist die Maßlosigkeit und Arroganz des Menschen überhaupt, der sich von Gott abgesetzt hat und der sein eigener Gott geworden ist. Den sieht Klepper in dieser Nacht mit am Werk. Was geschieht, das Unrecht, der Terror, die Gewalt – das ist auch das Ergebnis des uralten und immer wieder neuen Aufstandes gegen Gott, ist Konsequenz der Schuld des Menschen. Die Nacht – für ihn auch Symbol der Urschuld des Menschen, Symbol der Sünde. »Noch manche Nacht wird fallen auf Menschenleid und -schuld.«

Summen der Melodie.

Nacht erlebt Klepper, finstere Nacht. Wie halten Menschen so etwas aus: schlimmes Leid, Unrecht, Gewalt? Gibt es etwas, einen Glauben, eine Hoffnung, das uns darin hält?

»Dagegen war das, was von Hiob erzählt wird, vielleicht sogar noch leicht«, so die bittere Klage eines Kollegen, der ab und zu bei der Pflege seines Vaters mithilft, der seit Jahren das letzte Stadium der Parkinsonschen Krankheit durchleidet. Schlimmer als Hiob? Ein Mensch, der nicht nur schlimmste Schmerzen aushalten muss, sondern der sich nicht einmal mehr mit Worten verständlich machen kann. Wie halten Menschen eine solch schlimme Nacht aus? Nehmen sie die Nacht als Beleg dafür, dass das ganze Leben sinnlos ist und dass da kein Gott sein kann?

Klepper versucht, das Dunkle und Gott zusammenzubringen. Er deutet seine Wirklichkeit von einem Heilsplan Gottes her. Zu ihm gehört auch die Zeit des Gerichts. Was er, Jochen Klepper, erlebt und durchleidet, er und seine Familie und sein Volk – das ist für ihn kein Beleg dafür, dass Gott nicht existiert. Das ist vielmehr Teil seines Gerichts.

»Mehr und mehr erscheint mir die Überwindung als ein Kernstück des Glaubenslebens: Teilhaben, Teilnehmen an Gottes Gericht über einen selbst«, so schreibt er im Sommer 1937. Wie die Propheten des Alten Testaments deutet er die Lage: Es ist Gott, der Gericht hält über die Sünde, Gericht über seine Welt. Die Nacht ist vorgedrungen, die Zeit des Gerichts. Wir sind mittendrin – mittendrin im Gerichtsgeschehen.

Aber dieses Gericht unterscheidet sich nun freilich von allen Gerichtsverhandlungen, die Menschen abhalten. Der Gericht hält, dem das Richteramt zukommt, der Schöpfer des Himmels und der Erde, der kommt selbst, um Sühne zu leisten. »Gott selber ist erschienen zur Sühne für sein Recht«. Und deshalb ist trotz aller Dunkelheit jetzt der Ausgang der Sache nicht dunkel: »Als wollte er *belohnen,* so richtet er die Welt«. Diesen Ausgang, diesen nahen Morgen sieht Klepper schon vor sich. Der Tag ist nicht mehr fern. Noch ist zwar kein Morgenrot zu sehen, kein Sonnenstrahl. Aber der helle Morgenstern kündet schon, mitten in der Nacht, vom nahen-

den Morgen. Noch ist alles dunkel. Aber das Zeichen des Tages ist
schon da.

Es ist ja zunächst ein Naturereignis, von dem unser Lied erzählt:
von der dunklen Nacht und der Venus, dem besonders hellen Stern
gegen Morgen. Aber wir wissen: Es meint zugleich und vor allem
einen anderen Morgenstern: Christus. Es war im Alten Orient üblich,
Herrscher mit Sternen in Verbindung zu bringen. Nicht umsonst
spielt in der Weihnachtsgeschichte der Stern über Bethlehem eine
wichtige Rolle, dem die drei Weisen folgen. Und in der Offenbarung
des Johannes wird Christus selbst, der Auferstandene, als der helle
Morgenstern bezeichnet. In Christus kommt Gott, um selbst Sühne
zu leisten für sein Recht.

Klepper hat wohl beides erfahren: das Dunkel und zugleich das
Licht, das von dem hellen Morgenstern Christus ausgehen kann.
Licht: das ist für ihn vor allem das biblische Wort, das er täglich
meditiert. Was er dichtet, erfährt er selbst: »Der Morgenstern
bescheinet auch deine Angst und Pein.«

Mitten in der dunklen Nacht der Jahre 1937 und 1938 wird er
zum bedeutendsten Liederdichter der evangelischen Kirche des
20. Jahrhunderts. Der Geängstigte findet mit der Bibel eine Sprache gegen die Angst. Der Mutlose erfährt Worte des Trostes und
der Hoffnung – für sich, für seine Familie und für viele, die bald
seine Lieder singen.

»Die Nacht ist vorgedrungen, der Tag ist nicht mehr fern«.
Jochen Kleppers Lied ist mir zum liebsten Adventslied geworden.
Und vielleicht geht es vielen von Ihnen auch so, obwohl zur Gestalt
dieses Dichters ein Abstand bleibt. Was fasziniert an dem Lied?
Die Sprache? Die Melodie? Oder die fremde Wahrheit, die es
transportiert? Ich habe es zum Beispiel einmal mit einer großen
Gemeinde gesungen, als mein Vorgänger im Pfarramt – erst im
mittleren Alter – gestorben war. Es gab kein besseres Lied, um die
finstere Trauer herauszusingen und sich dennoch für die Hoffnung
Gottes zu öffnen.

Dieses Lied ist nicht nur ein ästhetisch gefälliges Produkt, sondern es sind Verse, aus eigenem Leid erwachsen und mit biblischer
Hoffnung durchzogen und deswegen wahr, wie nur ein Lied wahr
sein kann.

Die Gemeinde singt V 1–3.

1) Die Nacht ist vorgedrungen,
   der Tag ist nicht mehr fern.
   So sei nun Lob gesungen
   dem hellen Morgenstern!
   Auch wer zur Nacht geweinet,
   der stimme froh mit ein.
   Der Morgenstern bescheinet
   auch deine Angst und Pein.

2) Dem alle Engel dienen,
   wird nun ein Kind und Knecht.
   Gott selber ist erschienen
   zur Sühne für sein Recht.
   Wer schuldig ist auf Erden,
   verhüll nicht mehr sein Haupt.
   Er soll errettet werden,
   wenn er dem Kinde glaubt.

3) Die Nacht ist schon im Schwinden,
   macht euch zum Stalle auf!
   Ihr sollt das Heil dort finden,
   das aller Zeiten Lauf
   von Anfang an verkündet,
   seit eure Schuld geschah.
   Nun hat sich euch verbündet,
   den Gott selbst ausersah.

»Die Nacht ist schon im Schwinden, macht euch zum Stalle auf …«
Es ist, als ob der Dichter uns – so unterschiedlich wir sein mögen,
so unterschiedlich unsere Interessen, unser Schicksal, unsere Berufe
sein mögen – auf eine gemeinsame Lebensrichtung orientieren
wollte: »macht euch zum Stalle auf«. Wir denken an die Weihnachtsgeschichte nach Lukas und an die Hirten: »Nun lasst uns gehen und
die Geschichte sehen, die da geschehen ist.« Und Klepper erinnert
zugleich an die andere Geschichte von den drei Weisen, die auf

ihrem Weg nach Bethlehem dem Stern folgen: »Doch wandert nun mit allen der Stern der Gotteshuld«.

Nach Bethlehem gehen, sich zum Stalle aufmachen – was könnte das heißen? Was finden wir in der Krippe? Was suchen die vielen, die zu Weihnachten wieder in die Kirchen kommen werden? Ein bisschen Stimmung? Das Symbol einer heilen, »heiligen« Familie in einer Welt der Gefährdung des Lebens und des Zusammenlebens? Gott?

Jochen Klepper sagt: Das Heil können wir dort finden. Und er übersetzt: das Heil, das ist eine Person: einer, der sich mit uns verbündet hat (»Nun hat sich euch verbündet, den Gott selbst ausersah«).

Vielleicht leihen wir uns einmal dieses Sprachbild bei Klepper. Heil – das hieße dann: In Jesus einen großen Verbündeten finden. Verbündet leben können in einer Zeit der Vereinzelung. Einen Verbündeten haben, der mit uns geht durch alles Dunkel. Mit einem verbündet sein, der uns mit Gott zusammenschließt – trotz unserer Angst und Schuld.

Mit Jesus verbündet – dann muss uns vor den Nächten unseres Lebens nicht mehr zu sehr bange sein. Sie bleiben immer noch dunkel genug. Aber wir haben dann einen großen Verbündeten, der alles Dunkel dieser Welt kennt und der durch die Nacht des Todes schon hindurchgedrungen ist, in das Licht des ewigen Lebens. Wir wissen ihn in unserer Nähe, auch wenn es so aussieht, als wäre Gott meilenweit entfernt.

Mit Jesus verbündet – das ist auch ein Programm für die Richtung, die wir gehen wollen, für die Entscheidungen, die wir zu treffen haben, in unseren ganz unterschiedlichen Lebensvollzügen: ihm versuchen zu entsprechen – in seiner Richtung gehen, ihm nachfolgen, Licht ins Dunkel tragen, wo es geht. Der Finsternis widerstehen, wo sie sich ausbreiten will.

Denn der Tag ist nicht mehr fern.

Amen.

Die Gemeinde singt V 4 und 5.

4) Noch manche Nacht wird fallen
     auf Menschenleid und -schuld.
     Doch wandert nun mit allen

der Stern der Gotteshuld.
Beglänzt von seinem Lichte,
hält euch kein Dunkel mehr,
von Gottes Angesichte
kam euch die Rettung her.

5) Gott will im Dunkel wohnen
und hat es doch erhellt.
Als wollte er belohnen,
so richtet er die Welt.
Der sich den Erdkreis baute,
der lässt den Sünder nicht.
Wer hier dem Sohn vertraute,
kommt dort aus dem Gericht.

Predigt zur Motette von Heinrich Schütz »Herr, auf dich traue ich«[23]

Wolfgang Ratzmann

Liebe Gemeinde,

der Advent, so wie ihn Menschen verstehen, trägt ganz unterschiedliche Gesichter. Für viele hat er das Gesicht einer vorgezogenen und dadurch so schön lang gewordenen Weihnachtszeit. Deswegen gehören zu diesem Advent schon viele Lichter, oft auch schon die Christbäume in voller Beleuchtung, der Weihnachtsstollen und die Weihnachtsmärkte mit Glühwein und Bratwurst. Und selbstverständlich gehören zu diesem Advent auch die vielen Vorbereitungen auf Weihnachten: alle Einkäufe und Vorplanungen, oft erledigt im Klang der Weihnachtslieder in Kaufhäusern und Wohnungen. Dieser Advent setzt auf Umsatz und Geschäft, auf Genüsse und schöne

---

23	Aus: »Geistliche Chormusik 1648« von Heinrich Schütz, SWZ 377, Gnadenkirche Leipzig-Wahren, am 2. Advent 2002.

Erlebnisse eigener Art. Ihn will man, ihn soll man genießen, und zwar jetzt.

Aber der Advent – der in der Kirche überlieferte und hier aufbewahrte – hat noch ein ganz anderes Gesicht. Besonders am 2. Adventssonntag begegnen wir ihm – im Evangelium dieses Sonntags und im Wochenspruch, einem Vers aus dem Evangelium, wenn es heißt: »Seht auf und erhebt eure Häupter, weil sich eure Erlösung naht«. Dieser Advent passt nicht so leicht in die Erwartungen einer Erlebnisgesellschaft, die schon jetzt und je länger desto lieber ihre Feste feiern will. Aber er passt in unsere Welt. Denn er nimmt die Wirklichkeit ernst. Er rechnet damit, dass Menschen oft ihre Köpfe hängen lassen, und dass sie oft nicht wissen, wie es weitergeht. Diesen Advent brauchen viele vielleicht nicht. Jedenfalls meinen sie das. Aber die Mutlosen und Hoffnungslosen – die brauchen ihn. Die, für die »Erlösung« kein Fremdwort ist, die verstehen ihn. Für sie ist er da. »Seht auf und erhebt eure Häupter, weil sich eure Erlösung naht.«

Der Chor singt: »Herr, auf dich traue ich« von Heinrich Schütz.

»Herr, auf dich traue ich,
laß mich nimmermehr zu Schanden werden.
Errette mich nach Deiner Barmherzigkeit,
und hilf mir aus.
Neige deine Ohren zu mir und hilf mir.
Sei mir ein starker Hort,
ein Hort, dahin ich immer fliehen möge,
der du hast zugesaget mir zu helfen.«
(Psalm 31, 2+3)

Die Motette von Heinrich Schütz, die wir eben gehört haben, ist eigentlich keine Adventsmotette. Jedenfalls deutet nichts darauf hin, dass Schütz sie für die Adventszeit komponiert hätte. Die Psalmverse, die ihr zugrunde liegen, gehören nicht zu den liturgischen Texten dieser Zeit. Und doch fügt sie sich ganz ein in den Adventsrealismus dieses 2. Adventssonntags. Der Beter dieser Verse kennt die Wirklichkeit, so wie sie ist. »Lass mich nimmermehr zu Schanden werden«, »errette mich«, so lauten seine Rufe. Zu Gott will er fliehen. Ihn braucht er als starken Hort, als Fels, als seine Burg. Für den frommen Beter aus dem alten Volk Israel, der den 31. Psalm einst gedichtet hat, waren es wohl der Spott anderer Menschen und die eigene körperliche Schwäche im Alter, die er kaum noch ertragen konnte. Freilich: Seine genauen Lebensumstände kennen wir nicht.

Deutlicher aber wissen wir manches aus der Biografie von Heinrich Schütz, dem Hofkapellmeister aus Dresden, genau hundert Jahre vor Bach – im Jahre 1585 – geboren, der diese Psalmverse vertont hat. Ich kann mir gut vorstellen, wie oft der fromme Komponist in jener Zeit Anlass gehabt haben mag, um Errettung und Erlösung zu bitten: Es war der frühe Tod seiner jungen Frau, der wie ein Schatten über seinem späteren Leben lag. Es waren die schweren Jahre des Dreißigjährigen Krieges mit ihrem Elend, die die längste Zeit seines Wirkens in Dresden bestimmten. Oft waren aus Geldmangel kaum noch Musiker vorhanden. Der Kurfürst zahlte höchst unregelmäßig die zugesagten Gehälter. Ein Bittgesuch um Versetzung in den Ruhestand und Zahlung einer kleinen Pension, verbunden mit dem Angebot, bei Bedarf weiter für den Hof zur Verfügung zu stehen, beantwortete der Kurfürst einfach nicht. Seit seinem 60. Lebensjahr hatte er diesen Wunsch mehrfach dem Fürsten vorgetragen. Den sensiblen Musiker muss diese Missachtung seiner Arbeit und seiner Person tief gekränkt haben. Und so wurden die Worte aus dem Psalm wohl immer wieder auch sein ganz persönliches Gebet: »Errette mich«, »hilf mir heraus«, »sei mir ein starker Hort«.

»Seht auf und erhebt eure Häupter, weil sich eure Erlösung naht«. Dieser andere Advent ist wichtig für alle, die nicht bloß feiern und etwas Schönes erleben wollen – sozusagen als Kompott zu ihrem abgesicherten Leben. Er ist wichtig für alle, die sich nach Erlösung und Errettung ausstrecken. Auch sie gibt es reichlich. Und vielleicht gehören wir manchmal auch zu ihnen. Ich sehe Menschen vor mir, die solche Sehnsüchte kennen:

– Ich denke an eine ältere Frau, immer in eine verschlissene Wattejacke gehüllt, die auch jetzt wieder, am Rande des Weihnachtsmarktes, in der Nähe der Thomaskirche, um Gaben bettelt. Ich weiß von ihr nichts. Aber ich kann mir nicht vorstellen, dass das Betteln in der Kälte für sie ein netter Sport ist, wie manche denken, sondern Ausdruck bitterer Armut.

– Ich sehe das Gesicht eines reichlich Vierzigjährigen vor mir. Er
  hat studiert, promoviert, sich habilitiert, Aufsätze und Bücher
  verfasst, die von der Fachwelt gelobt werden. Enorm viel Fleiß
  und viel Geld hat er in seine akademische Karriere gesteckt. Aber
  nun werden überall Stellen gestrichen, und er hat keine Chance
  mehr, eine akademische Laufbahn zu machen. Es ist ihm völlig
  unklar, wie sein berufliches Leben einmal weiter verlaufen kann.
– Und hinter diesen beiden Gesichtern tauchen viele weitere auf:
  Kranke ohne Hoffnung auf Heilung, Hungernde, Kriegsver-
  sehrte, Menschen in Spannungs- und Kriegsgebieten, Fischer
  an einer ölverseuchten Küste, Flüchtlinge … Sie alle, die sich nach
  Erlösung und Rettung sehnen.

Unser Wochenspruch und die Motette sind darin verwandt, dass
in ihnen das wirkliche Leben mit seiner Härte, mit seinen nicht
lösbaren Konflikten, mit seinen Zumutungen anklingt. Aber eben
auch darin, dass sie zugleich zu Vertrauen und Hoffnung in allem
und trotz allem aufrufen: »Erhebt eure Häupter« – Kopf hoch, ihr
Verzagten. »Herr, auf dich traue ich«. Noch ist das Heil Gottes oft
schwer zu erkennen. Aber Gott kommt. Er steht vor der Tür. Er lässt
uns nicht im Stich. Darum erhebt eure Häupter!

Mir fällt auf, dass die Motette von Schütz beides kennt: Stellen
starken und festen Glaubens, Töne voller Gewissheit – »Herr, auf
dich traue ich«, »der du mir zugesagt hast, zu helfen« – und Stellen der Unruhe, des Verzagtseins, des Zweifels. Diese Musik muss
jemand geschrieben haben, der die wirkliche Welt mit ihrem Elend
kennt und von ihr angefochten wird – und der sich dennoch in einer
adventlichen Hoffnung hindurchsingt, hindurchbetet, hindurch-
glaubt zu Gott, der schon im Kommen ist, zu Christus und zu seinen Verheißungen. »Herr, auf dich traue ich«.

Auf Gott und seine Verheißungen vertrauen – was heißt das
eigentlich: für uns persönlich, aber auch für die Bettlerin in der
Stadt, für den arbeitslosen Akademiker, für die vielen Menschen in
Not und Elend?

Ich verstehe es so: Auf jeden Fall daran festzuhalten, dass keiner von ihnen von Gott vergessen ist. Auf jeden Fall die Hoffnung
nicht aufzugeben, dass Gott Wege bahnen kann, die wir jetzt noch

nicht ahnen. Auf jeden Fall daran festzuhalten, dass Gott sich nicht in Ewigkeit mit allem Unrecht und Elend abfinden wird, sondern dass er sein Reich der Gerechtigkeit und des Friedens aufrichtet. Davon ausgehen, dass er schon seit Jesus dabei ist, dieses Reich aufzurichten – mitten in dieser Welt mit ihrem oft so ganz anderen Gesicht.

Es ist gut, wenn uns die Lieder des Advent und wenn uns diese Motette von Heinrich Schütz in diesen Adventsglauben hineinnehmen, hineinsingen: »Herr, auf dich traue ich, lass mich nimmermehr zu Schanden werden«. Dann kann man die Wirklichkeit sehen, wie sie ist – und dann kann man dennoch den Kopf erheben, getrost und trotz allem mit Hoffnung. Denn wir leben im Advent. Gott kommt, er hat zugesagt, uns zu helfen.

Amen.

Weihnachten

Liedpredigt »Stille Nacht«[24]

Wolfgang Ratzmann

Liebe Gemeinde,

vermutlich haben wir alle in den Weihnachtstagen in das Lied »Stille Nacht« eingestimmt. Es ist seit vielen Jahren das populärste Weihnachtslied auf der ganzen Welt. Es ist in mehr als 300 Sprachen übersetzt. Es gibt weltweit 10 Stille-Nacht-Museen oder -Gedenkstätten, vor allem in Österreich, und sogar eine wissenschaftlich-historische »Stille-Nacht-Gesellschaft«. Das Lied erklingt viele Tausende Male in Kaufhäusern und auf Weihnachtsmärkten, in vielen Ländern der Welt. Es wird von Christen und Nichtchristen gekannt und gesungen. Und es hat sich inzwischen auch einen sicheren Platz in den kirchlichen Gesangbüchern unserer Tage erworben, im katholischen Gotteslob ebenso wie in unserem Evangelischen Gesangbuch.

   Dabei ist dieses ungeheuer populäre Weihnachtslied oft hart bekämpft worden. Ich erinnere mich an eine Szene, die ich als Kruzianer in Dresden miterlebt habe. Es war um 1960. Eine Kantorin namens Reif nahm all ihren Mut zusammen, ging zum damaligen Kreuzkantor Rudolf Mauersberger und sie beklagte sich bei ihm bitter darüber, dass er allen Kantoren Dresdens in den Rücken falle, weil er – anders als in den meisten anderen Gemeinden damals – in seiner Christvesper in der Kreuzkirche »Stille Nacht« singen ließe. Mauersberger, geboren und aufgewachsen im Erzgebirge, ein Kirchenmusiker, der viel erzgebirgische Weihnachtsfrömmigkeit mit nach Dresden gebracht hatte, fertigte sie kurz ab. Er stehe zu

---

24 EG 46, Nikolaikirche zu Leipzig, am Sonntag nach Weihnachten 2012.

diesem Lied und empfahl ihr, sie solle in Zukunft ihrem Namen
mehr Ehre machen.

Sicher: Es ist ein schlichtes Lied. Seit dem Beginn des 20. Jahrhunderts hat man es immer wieder als (poetisch und musikalisch)
flach und inhaltlich sentimental hart kritisiert. Ganz bewusst hatte
man ihm keinen Platz im Stammteil des früheren »Evangelischen
Kirchengesangbuchs« gegeben, weil es den künstlerischen und theologischen Ansprüchen an ein Kirchenlied nicht genügte. Aber die
Leute liebten es trotzdem. Wie kommt das? Welche Geheimnisse
verbinden sich mit diesem Lied? Und was teilt es uns mit – von
Weihnachten, von jener Geburt im Stall zu Bethlehem, von deren
Bedeutung?

Doch zunächst wollen wir einmal die Strophen 1 und 3 miteinander singen.

Die Gemeinde singt V 1 + 3.

1) Stille Nacht, heilige Nacht!
    Alles schläft; einsam wacht
    nur das traute, hochheilige Paar.
    Holder Knabe im lockigen Haar,
    schlaf in himmlischer Ruh,
    schlaf in himmlischer Ruh.

3) Stille Nacht, heilige Nacht!
    Gottes Sohn, o wie lacht
    Lieb aus deinem göttlichen Mund,
    da uns schlägt die rettende Stund,
    Christ, in deiner Geburt,
    Christ, in deiner Geburt.

Wer ist der Dichter, wer ist der Komponist dieses Liedes? In welcher
Situation ist es entstanden?

Um die Entstehung des Liedes ranken sich mehr oder weniger
fromme Legenden: Weil die Orgel im salzburgischen Oberndorf
plötzlich ausgefallen sei und Weihnachten vor der Tür stand, hätten sich der junge Hilfspriester Joseph Mohr und der Organist Franz

Xaver Gruber spontan zusammengetan und dieses Lied geschrieben. Und sie hätten in dieser Notsituation die Gitarre, die man damals nur zu Hause oder in der Kneipe spielte, zur Begleitung in der Kirche nutzen müssen. Wo diese Legende noch ausgeschmückt wurde, da wusste man zu berichten, dass die Bälge der Orgel einem Mäusefraß zum Opfer gefallen wären, damit genau dieses Lied, gewissermaßen als Himmelsgeschenk, entstehen konnte. Aber so wundersam war es vermutlich nicht.

Schon im Jahr 1816 hat wohl der damals 24-jährige Joseph Mohr den Text geschrieben und ihn einige Zeit später seinem Kantor mit der Bitte übergeben, eine Melodie dazu zu erfinden. 1818 hat Kantor Gruber seine Melodie beigesteuert. Es ist wenig wahrscheinlich, dass dieses volkstümliche Lied mit Gitarrenbegleitung im Rahmen einer offiziellen Weihnachtsmesse erklungen ist, vielleicht aber nach einer Messe, wenn die Gemeinde noch ein wenig beieinander blieb, um die Krippendarstellung in der Kirche zu betrachten. Da kann man es sich gut vorstellen, dass nun Pfarrer und Kantor zur Freude der anwesenden Gemeinde gemeinsam dieses Lied aus der Taufe gehoben haben.

Joseph Mohr, der Dichter, stammt aus schwierigen Verhältnissen. Er ist unehelich geboren worden, und er hat diese Herkunft immer wieder als einen Makel bestätigt bekommen: schon bei der Eintragung ins Kirchenbuch und bei seiner Taufe. Es war ein armer Haushalt, in dem der kleine Joseph aufwuchs – in der Gemeinschaft mit vier Frauen: mit seiner Mutter und Großmutter, und im Kontakt mit einer Halbschwester und einer Cousine. Wahrscheinlich hat Mohr seinen Vater nie kennengelernt. Väterliche Liebe kannte er ebenso wenig wie ein »trautes (Eltern-)Paar«. Möglich, dass er neidisch auf andere sah, die einen Vater hatten. Für seinen Lebensweg entscheidend war, dass er später so etwas wie einen »Ersatzvater« fand, den Salzburger Domchorvikar Johann Nepomuk Hiernle, der sich für ihn einsetzte und ihm, dem großen Jungen, dem Jugendlichen, eine gründliche musikalische und schulische Ausbildung ermöglichte, an die er sogar ein Universitätsstudium anschließen konnte.

Ein sentimentales Lied? Das ist sicher nicht falsch. Unser Lied bedient gefühlsmäßige Erwartungen, und es neigt dazu, den Stall von Bethlehem zu verklären und in ein Familienidyll zu verwandeln. Aller-

dings ist das lockige Haar des Jesusknaben dafür weniger ein Beleg.
Solche barocken Darstellungen des Jesuskindes – ein blond gelocktes
Kind – waren im süddeutsch-österreichischen Raum weit verbreitet.
Mohr hatte sie ständig vor Augen, auch auf den Altären, vor denen
er die Messe las. Aber sind die sonstigen Verklärungen im Lied nicht
ein wenig zu verstehen, wenn man sich in die armselige Kindheit des
Dichters hineinversetzt? Es fällt jedenfalls auf, dass der katholische
Hilfspriester Mohr, der in seinen Kirchen überall auf Mariendar-
stellungen stieß, gerade nicht die Muttergottes allein, nicht die Jungfrau mit dem Kind, besingt, sondern das »hochheilige Paar« und – in
der uns meist unbekannten vierten Strophe – Jesus, den »Bruder«.
Dass das Jesuskind nur eine ärmliche Behausung hatte, das war für
Mohr nichts Besonderes. Das kannte er von sich. Und dass dieses Kind
von Anfang an in seiner Existenz durch die Mächtigen bedroht wurde,
das erwähnt er nicht extra. Aber es steht vermutlich unausgesprochen
dahinter, wenn von der »Stillen Nacht« die Rede ist und von dem Paar,
das über dem Kind »wacht«. Vielleicht hat der Dichter manchmal
davon geträumt, von einem wirklichen Vater beschützt und bewacht
zu werden. Und vielleicht hat er manche Krippendarstellungen vor
Augen, wie sie in den Kirchen Österreichs in der Weihnachtszeit auf-
gestellt wurden, in denen ein kräftiger Josef, mit breitem Hut und lan-
gem Stock, Schutz und Geborgenheit ausstrahlte. Es ist keine Frage:
Der Dichter liest heraus aus der Weihnachtsgeschichte (oder vielleicht
auch: in sie hinein?), was er selbst oft entbehren musste.

Darf man so assoziativ die Bibel lesen wie Mohr? Manchmal geht
es mir ganz ähnlich. Wenn ich die Krippenszene vor mir sehe, wenn
ich höre, dass Gott selbst Mensch wurde in einem kleinen Kind,
dann muss ich an die Defizite unserer Tage denken. Die Bereitschaft,
Kinder zu bekommen, sei in Deutschland auf einem statistischen
Tiefpunkt angekommen, war vor wenigen Tagen in den Zeitungen
zu lesen. Viele Frauen haben Angst davor, durch Kinder im Beruf
abgehängt zu werden. Viele Paare scheuen die zusätzliche Bindung,
die sie mit einem Kind eingehen, oder sie haben Angst vor einem
finanziellen Abstieg. Ist es verkehrt, wenn man die Weihnachtsgeschichte auch als eine Ermutigung liest, Kinder zu empfangen
und sie zu erziehen? Ist die Bereitschaft, Kinder zu bekommen, nur
von staatlichen oder wirtschaftlichen Strukturen abhängig? Brau-

chen wir nicht auch dringend eine mentale Ermutigung, eine neue
Lebenszuversicht, eine neue Lust, mit Kindern zusammen zu sein?
Will uns die Geschichte nicht Mut dazu machen, wenn Gott selbst
in einem Kind zur Welt kommt? Natürlich will sie noch etwas anderes, will sie noch mehr sagen. Aber ist es ganz verkehrt, wenn wir
aus ihr gerade heute diese Nebentöne herauslesen?

Unser Lied hatte ursprünglich drei weitere Strophen, die man
nach 20–30 Jahren herausgestrichen und dann ganz vergessen hat.
Wir hören (oder singen) die drei weiteren Strophen.[25]

Die Gemeinde oder eine Solostimme singt.

Stille Nacht! Heil'ge Nacht!
Die der Welt Heil gebracht,
aus des Himmels goldenen Höhn
uns der Gnaden Fülle läßt seh'n:
Jesum in Menschengestalt,
Jesum in Menschengestalt!

Stille Nacht! Heil'ge Nacht!
Wo sich heut alle Macht
väterlicher Liebe ergoß
und als Bruder huldvoll umschloß
Jesus die Völker der Welt,
Jesus die Völker der Welt!

Stille Nacht! Heil'ge Nacht!
Lange schon uns bedacht,
als der Herr vom Grimme befreit,
in der Väter urgrauer Zeit
aller Welt Schonung verhieß,
Aller Welt Schonung verhieß!

---

25 Ich folge bei der Liedpredigt dem Buch von Wolfgang Herbst: Stille Nacht!
    Heilige Nacht! Die Erfolgsgeschichte eines Weihnachtsliedes, Zürich/Mainz
    2002. Hier finden sich auch die ursprünglichen weiteren Strophen, die wir
    in ihrer ursprünglichen Orthografie abdrucken.

Es sind überraschende Strophen, denn sie erzählen nicht nur von dem Familienidyll der Heiligen Nacht. Sie versuchen, in schlichter Weise die biblische Weihnachtsbotschaft zu übersetzen: Es ist eine Nacht, die der Welt Heil gebracht hat. Und dieses Heil stellt sich der Dichter nicht nur als jenseitige Rettung vor – nach unserem Tod oder nach dem Ende dieser Welt, sondern als Gnade, die man schon heute erfahren kann, ja, die er selbst kürzlich erfahren hat. Jesus, unser Bruder, umschließt huldvoll die Völker der Welt. Das klingt vielleicht etwas schwülstig, steckt aber voller politischer Erfahrung. 1816 – drei Jahre nach dem großen Gemetzel der Völkerschlacht von Leipzig, 1816 – wenige Monate nur nach dem Ende längerer blutiger Auseinandersetzungen um das frühere selbstständige Fürstbistum Salzburg, das sich das Königreich Bayern ebenso gern einverleiben wollte wie das österreichische Kaiserreich. Das Lied entstand, als viele Wunden noch nicht verheilt waren und als es viele neue Gräber mit Gefallenen gab.

»Stille Nacht, heilige Nacht, wo sich heut alle Macht väterlicher Liebe ergoss …«. »Heut«, dichtet Joseph Mohr, so wie es in vielen Weihnachtsliedern lautet: »Heut schließt er wieder auf die Tür zum schönen Paradeis«, wie es im alten Weihnachtslied »Lobt Gott, ihr Christen, alle gleich« heißt. Und wie es der Engel in der Weihnachtsgeschichte nach Lukas verkündet: »Heute ist euch der Heiland geboren«.

Das macht ja das Weihnachten-Feiern aus, dass wir das Heute der Gottesgeburt wieder neu erleben, dass wir einstimmen in den Jubel der Engel, dass uns »heute« das Heil widerfahren ist. Aber in dem Lied »Stille Nacht« liegt auf dem »Heute« noch ein zusätzlicher Akzent. Nach vielen Jahren der blutigen Kämpfe durften die Menschen im Salzburger Land das erste Mal wieder Weihnachten im Frieden feiern. War es nicht ein Zeichen dafür, dass Jesus alle Menschen zu Brüdern macht und dass seitdem alle Völker von der Liebe des himmlischen Vaters umschlossen sind? War das nicht jetzt wieder geschehen, was im Alten Testament in den Vätergeschichten oft erzählt wurde: Dass Gott von seinem Grimm ablässt und die Menschen verschont? Und war die Heilige Nacht von Bethlehem nicht so etwas wie ein Versprechen, dass Gottes Liebe stärker ist als sein Zorn?

Als das Lied durch Tiroler Sänger 1831/32 nach Leipzig – zur Neu-
jahrs-Messe, sogar im Gewandhaus – gebracht wurde und als es damit
aus der Provinz in die damals moderne Welt der Geschäfte und der
Kultur des Biedermeier geholt wurde – in eine Kultur der idealisier-
ten Bürgerlichkeit, da hat man die politischen Strophen weggelassen.
Ähnlich erging es ihm in den USA, wohin es ebenfalls durch Ziller-
taler Musikanten gebracht wurde. Auch hier war man nicht am ganzen ursprünglichen Lied, sondern nur an den Strophen interessiert, die
sich auf das Kind und das heilige Paar konzentrierten. Johann Hinrich
Wichern, im protestantischen Hamburg, der an seinem Waisenhaus,
dem »Rauhen Haus«, dieses Lied aus dem katholischen Salzburger
Land gerne sang, begnügte sich ebenso mit den Versen, die wir heute
noch kennen. Und dennoch war das nicht die ganze Geschichte. Denn
man sang es später, im 1. Weltkrieg, in den Schützengräben vor Verdun.
Es soll mit diesem Lied in der Heiligen Nacht zu einzelnen gemeinsamen Weihnachtsfeiern der feindlichen Soldaten gekommen sein,
die sich im tödlichen Stellungskrieg gegenüberlagen. Und es ist auch
von den halb erfrorenen Soldaten im Kessel von Stalingrad gesungen
worden und es hat ihnen etwas Weihnachtliches ins Herz gezaubert.

»Stille Nacht, heilige Nacht«. Wir müssen Kriege nicht mehr mit
dem Zorn Gottes erklären. Wir Menschen sind es, die oft unfähig sind,
Konflikte anders zu lösen als mit Gewalt. Aber unser populäres Weihnachtslied hat recht, wenn es die Stille und den Frieden von Bethlehem auch auf soziale und politische Konflikte bezieht. »Friede auf
Erden den Menschen seines Wohlgefallens«, sagt der Engel den Hirten zu. Gott will Frieden: in Syrien, in Afghanistan und im Kongo. Er
kommt in diese Welt, um Frieden zu stiften – Frieden zwischen sich
und den Menschen, Frieden zwischen den Menschen untereinander.
Wer »Stille Nacht« singt, soll ermutigt werden, selbst diesen Frieden
weiterzugeben und Frieden zu stiften – in den Konfliktherden weltweit und in den Brennpunkten unserer Nahbereiche: in Leipziger
Stadtvierteln oder verschiedenen Kleinstädten Sachsens, wo man sich
gegenwärtig mit Kräften wehrt, Flüchtlinge aufzunehmen, aber auch
in den Ehen, Familien und Häusern, in denen kein Frieden wohnt.

»Stille Nacht« – das kleine, künstlerisch und theologisch unvollkommene Lied besingt den Frieden jener ersten Heiligen Nacht. Es
kann weihnachtliche Stimmung in unser Herz zaubern. Aber es

kann noch mehr: Es will die, die es singen, und die, die es hören, zu Friedenstiftern machen.

Amen.

Die Gemeinde singt V 2.

2) Stille Nacht, heilige Nacht!
   Hirten erst kundgemacht,
   durch der Engel Halleluja
   tönt es laut von fern und nah:
   Christ, der Retter, ist da,
   Christ, der Retter, ist da!

Liedpredigt »O du fröhliche«[26]

Peter Zimmerling

1) O du fröhliche, o du selige,
   gnadenbringende Weihnachtszeit!
   Welt ging verloren, Christ ist geboren:
   Freue, freue dich, o Christenheit!

2) O du fröhliche, o du selige,
   gnadenbringende Weihnachtszeit!
   Christ ist erschienen, uns zu versühnen:
   Freue, freue dich, o Christenheit!

3) O du fröhliche, o du selige,
   gnadenbringende Weihnachtszeit!
   Himmlische Heere jauchzen dir Ehre:
   Freue, freue dich, o Christenheit!

---

26 EG 44, Nikolaikirche zu Leipzig, am 23.12.2009. Diese Predigt weicht insofern von den übrigen Predigten in diesem Buch abgedruckten ab, dass ihr lediglich zwei Verse einer Liedstrophe zugrunde liegen.

Liebe Gemeinde,

> »Welt ging verloren,
> Christ ist geboren,
> freue dich, o Christenheit.«

In diesen zwei Versen aus der ersten Strophe des Liedes »O du fröhliche« *(Vorschlag: das wir am Ende des Gottesdienstes singen werden)* ist die ganze Weihnachtsbotschaft enthalten. Das sagte mein verehrter Lehrer Friso Melzer vor vielen Jahren zu mir. Damals nahm ich mir vor, bei nächster Gelegenheit über dieses Lied zu predigen. In diesem Jahr ist es soweit.

1. »Welt ging verloren«

»Welt ging verloren.« Manche von Ihnen werden bei dieser Aussage sicherlich skeptisch aufgehorcht haben: Ist das nicht zu drastisch formuliert? Was soll eine derartige Schwarz-Weiß-Malerei? Und überhaupt: Verdirbt eine so krasse Aussage nicht die Stimmung am Heiligen Abend? Trotz dieser skeptischen Fragen gilt: Die Botschaft des Weihnachtsfestes bleibt blass und nichtssagend, wenn nicht auch von der Verlorenheit der Welt und den menschlichen Dunkelheiten gesprochen wird. Aus diesem Grund feiern wir das Weihnachtsfest im tiefsten Winter: Wenn die Nächte am längsten und die Tage am kürzesten sind. Auf diesem dunklen Hintergrund muss sich erweisen, ob die Weihnachtsbotschaft tragfähig und wirklich eine Freudenbotschaft ist.

Das Christentum zeichnet zwar kein pessimistisches Bild von der Menschheit – aber auch kein optimistisches. Es entwirft ein realistisches Bild der Welt und des Menschen. Paul Gerhardt hat ihre Verlorenheit in seinem bekannten Adventslied »Wie soll ich dich empfangen« eindrücklich beschrieben: »Nichts, nichts hat dich getrieben zu mir vom Himmelszelt als das geliebte Lieben, damit du alle Welt in ihren tausend Plagen und großen Jammerlast, die kein Mund kann aussagen, so fest umfangen hast.«

Worin zeigen sich die Plagen und der Jammer der Menschheit konkret? Beim Rückblick auf das zu Ende gehende Jahr werden allen von uns mehrere solcher Plagen in den Sinn kommen. Da hat ein missgünstiger Arbeitskollege verhindert, dass ich die verdiente bessere Stelle erhalte. Schon lange erfüllt mein Herz eine große Liebe, die nicht erwidert wird. Ich habe alles versucht, um die Liebe der oder des anderen zu gewinnen. Welcher Schmerz, dass sie nicht erwidert wird. Jemand ist unheilbar krank und muss damit leben. Ein anderer hat sich in der Trauer über den Tod eines geliebten Angehörigen verloren. Der Tod ist und bleibt das schmerzlichste Zeichen für die Verlorenheit der Menschheit. Auch nach vielen Jahren ist der leise, feine Schmerz des Verlusts noch zu spüren. Er begleitet einen das ganze Leben lang.

Dabei reicht die Verlorenheit der Welt über das Schicksal eines einzelnen Menschen hinaus. Dass ganze Völker in Krieg, Terror, Hunger und Armut leben müssen, lässt einem besonders an Weihnachten das Herz schwer werden. Zur Verlorenheit der Welt gehört schließlich die Unsicherheit und Angst vor dem, was die Zukunft bringen wird. Denken wir nur an die unabsehbaren Folgen der Klimaveränderung und das Scheitern der Klimakonferenz in Kopenhagen.

2. »Christ ist geboren«

»Christ ist geboren.« Im Bild des lächelnd strampelnden Babys zeigt sich die zärtliche Zuwendung Gottes. Das macht für viele Menschen den Zauber von Weihnachten aus. Im Kind in der Krippe kommt der allmächtige, ferne Gott dem Menschen nahe. In ihm zeigt Gott dem Menschen sein wahres Wesen. Martin Luther hat das Antlitz Gottes, wie es im Kind in der Krippe sichtbar wird, mit einem wunderbaren Bild beschrieben: »Gott ist ein glühender Backofen voll Liebe.« Viele von uns kennen noch die Zeiten, in denen es keine Zentralheizung gab. Wenn man so richtig durchgefroren von draußen nach Hause kam und sich dann in die Nähe des warmen Kachelofens stellte, wurde man selber warm.

»Christ ist geboren.« Das Kind in der Krippe bringt das christliche Gottesverständnis auf den Punkt. Die Bibel kennt zahlreiche Bilder für Gott. Im berühmten 23. Psalm wird er als guter Hirte vorgestellt. Und als großzügiger Wirt, der seinen Gästen voll einschenkt. In einem anderen Psalm ist davon die Rede, dass Gott für den Menschen wie eine Burg ist, in der er in Zeiten der Not Zuflucht findet.

Spätestens seit Weihnachten ist ein weiteres Bild für Gott hinzugekommen: Gott ist zart und verletzlich wie ein Kind. Es gibt allerdings Situationen, da tun wir uns schwer mit einer solchen Vorstellung von Gott. Da wäre uns ein ferner Gott lieber. Ein Gott, der uns nicht so bedrängend nahe kommt. Trotz solcher Vorbehalte hat Weihnachten der Christenheit ins Gedächtnis geschrieben: Gott geht das Schicksal der Menschheit zu Herzen. Er kümmert sich um seine Welt. Aber er tut es anders als Menschen es erwarten. Er macht sich verletzlich wie ein Baby. Warum? Das ist das Risiko, das Gott mit seiner Liebe zur Menschheit eingegangen ist. Im Neuen Testament heißt es: »Gott ist die Liebe!« An Weihnachten ist diese Liebe Gottes im Kind von Bethlehem vor aller Welt offenbar geworden: Hirten und drei ausländische Wissenschaftler aus dem Zweistromland, nach mittelalterlicher Tradition aus allen Teilen der bekannten Welt, kommen zur Krippe, um Christus anzubeten.

Mit Fug und Recht wird Weihnachten das Fest der Liebe genannt. Dabei gilt für die Liebe Gottes dasselbe, was für jede menschliche Liebe gilt: Sie lässt sich nicht befehlen. Wir können mit Fantasie und Engagement um die Liebe eines anderen Menschen werben. Häufig haben wir damit auch Erfolg. In der Regel gilt: Wenn ein Mann lange genug um die Liebe einer Frau wirbt, wird er sie gewinnen. Aber befehlen können wir einem anderen nicht, uns zu lieben. Genau an dieser Stelle ist auch die Allmacht Gottes begrenzt. Weil er uns Menschen nicht als Roboter haben wollte, sondern als liebendes Gegenüber, hat Gott seine Macht an dieser Stelle selbst zurückgenommen. Das Kind in der Krippe ist das deutlichste Zeichen der freiwilligen Selbstzurücknahme Gottes!

Für viele Menschen stehen Leid und Ungerechtigkeit der Welt in krassem Widerspruch zu Gott. Ich habe darauf bisher nur eine Antwort gefunden: Weil Gott den Menschen liebt und ihn als liebendes Gegenüber erschaffen hat, hat er seine Allmacht begrenzt und erträgt das Dunkel der Welt und ihre Verlorenheit mit unendlicher Geduld. Dies ist jedoch die Voraussetzung dafür, dass Menschen sich freiwillig Gott zuwenden können, um ihm ihre Liebe zu schenken. Gott wirbt um den Menschen wie ein Liebender um seine Geliebte. Aber zwingen, ihn zu lieben, kann Gott den Menschen nicht.

»Christ ist geboren.« Wie steht es mit der Glaubwürdigkeit der biblischen Weihnachtsgeschichte? In der Weihnachtsausgabe der Illustrierten »Stern« konnte man in dieser Woche im Editorial die knappe

Feststellung lesen: »Jesus, Maria und Josef haben sicherlich gelebt, aber ›ihre‹ Weihnachtsgeschichte kann nicht stimmen – jedenfalls nicht so, wie sie erzählt wird.« Sollen Christen sich darüber freuen, wenn der »Stern« betont, dass Jesus, Maria und Josef »sicherlich gelebt haben«? Vor 50 Jahren wurde in der DDR das Gegenteil, genauso mit dem Brustton der Überzeugung, als wissenschaftlich bewiesen behauptet. Damals konnte man in den Schulbüchern lesen: Jesus, Maria und Josef haben sicherlich nie gelebt! Alles fromme Legende. Seien wir vorsichtig, unseren Glauben auf historische Urteile zu gründen. Sie sind immer nur Wahrscheinlichkeitsurteile. Wenn ein Historiker seine Erkenntnisse als 100 % sicher ausgibt, ist er gewiss im Unrecht.

Auch die zweite Behauptung des »Stern« ist problematisch: Die Weihnachtsgeschichte der Bibel sei eine Erfindung der Evangelisten Matthäus und Lukas. Beide Evangelisten waren Christen. Deshalb muss man davon ausgehen, dass sie sich der Wahrheit verpflichtet fühlten. Immerhin folgten sie dem nach, der von sich gesagt hat: »Ich bin die Wahrheit.« Von ihren eigenen Voraussetzungen her ist es nur schwer denkbar, dass sie die Dinge einfach drauflos erfunden haben. Sie alle waren überdies bereit, für die Wahrheit ihres Evangeliums mit dem Tod zu bezahlen.

Umgekehrt ist die Weihnachtsgeschichte auch kein Polizeibericht – wie sollte man den Einbruch der unsichtbaren Welt Gottes in die irdische Geschichte der Menschheit mit solchen Mitteln erfassen? Dennoch ist die Weihnachtsgeschichte keine biblische Fantasy-Erzählung. Die Evangelisten waren gebunden an das, was sie erzählt bekamen bzw. was bereits als literarische Vorlage existierte. Als die Evangelien geschrieben wurden, lebten noch Menschen, die die Dinge miterlebt hatten.

Die Weihnachtsgeschichte erzählt davon, wie der Vorhang zwischen der sichtbaren und der unsichtbaren Welt ein Stück zur Seite geschoben wurde: Die Engel, Gottes himmlische Boten, kamen zu den Menschen. Die Menge der himmlischen Heerscharen, das Heer der Engel, stimmte vor den Hirten einen Lobgesang an. Kein Wunder, dass über solchem ganz und gar nicht alltäglichen Geschehen die herkömmlichen Kategorien, die menschlichen Worte und Bilder versagten. Sie waren unzureichend, um das himmlische Geschehen angemessen zu beschreiben.

Das galt umso mehr, als es darum ging, die Geburt des Sohnes Gottes durch Maria auszudrücken. Das Neue Testament, vielleicht schon der Prophet Jesaja im Alten Testament, sprechen von einer Jungfrauengeburt. Es ist der Versuch, das Wunder des Kommens Gottes in die Welt in Worte zu fassen. Alle seit der Aufklärung unternommenen Versuche, dieses Wunder anders auszudrücken, sind gescheitert. Sie alle waren nicht in der Lage, das Geheimnis, das sich mit diesem Geschehen verbindet, angemessen zum Ausdruck zu bringen.

3. »Freue dich, o Christenheit«

»Freue dich, o Christenheit.« Evangelium heißt übersetzt »Frohbotschaft«. Die Weihnachtsgeschichte ist eine Freudenbotschaft! Lachen ist bekanntlich ansteckend. Das gleiche gilt für die Freude. In der Weihnachtsgeschichte lässt sich beobachten, wie sich die Freude immer weiter ausbreitet. Sie beginnt im Himmel bei den Engeln Gottes. Deren Lobgesang bildet den Cantus firmus der Weihnachtsgeschichte. Von der himmlischen Freude über die Geburt des Sohnes Gottes lassen sich einzelne Menschen, ja ganze Gruppen anstecken: Maria, später die Hirten und die drei Weisen aus dem Morgenland und zuvor schon Zacharias und Elisabeth, die Eltern Johannes des Täufers. Das Ziel ist von Anfang an, dass alles Volk, d. h. alle Menschen von dieser Freude ergriffen werden. Der Engel sagte zu den Hirten: »Siehe, ich verkündige euch große Freude, die allem Volk widerfahren wird.«

Alle, die die Weihnachtsbotschaft hören, sind zunächst erschrocken darüber, dass Gott Mensch wird. Warum erschrocken? Zu unwahrscheinlich, weil in keiner Weise vorhersehbar, ist diese Botschaft. Nach weit über 1000 Jahren christlicher Verkündigung sind wir Deutschen gegenüber der Weihnachtsbotschaft vielleicht zu abgestumpft, als dass wir nachempfinden könnten, wie erschüttert die Zeitgenossen über die Geburt Jesu in einem Futtertrog waren. So klein macht sich Gott, der Allerhöchste! Unglaublich! Juden wagen es bis heute nicht, den Namen Gottes auszusprechen. So voller Ehrfurcht begegnen sie ihm.

Vor allem ist die Botschaft von der Menschwerdung Gottes jedoch Grund zu großer Freude! Gottes Kommen in die Welt ist die äußerste

Konsequenz seiner Liebe zum Menschen. Sie ist sein letztes Mittel,
damit wieder Frieden und Gerechtigkeit das Miteinander von Menschen und Völkern auf der Erde bestimmen. Man kann verstehen,
dass jüdische Menschen, die unter der Besatzung durch das römische
Militär schwer zu leiden hatten, vor Freude über diese Nachricht völlig aus dem Häuschen gerieten: »Christ, der Retter ist da!« Heute wissen wir, dass Gott Frieden und Gerechtigkeit anders durchsetzt, als
es die Menschen in Israel damals erwarteten. Er tut es nicht gewalt-
sam. Vielmehr lädt er Menschen dazu ein, ihr Leben dem Kind in
der Krippe anzuvertrauen, sich im Glauben an Jesus Christus auf
das Abenteuer eines Lebens als Christ einzulassen.

Manche mögen jetzt vielleicht einwenden: Wie soll ausgerechnet
das den Frieden und die Gerechtigkeit in der Welt voranbringen? Sie
alle möchte ich erinnern an den Leipziger Herbst 1989. In den Kirchen war die Hoffnung auf eine Veränderung der DDR-Gesellschaft
in den Jahren davor wach geblieben. Darum waren es die wöchent-
lichen Friedensgebete hier in der Nikolaikirche, die zur friedlichen
Revolution auf den Straßen Leipzigs führten. Seitdem kann niemand
mehr sagen, dass Gebete und Kerzen keine Bedeutung in Politik und
Gesellschaft gewinnen könnten. Gerade sie haben maßgeblich dazu
beigetragen, dass Panzer und Gewehre nicht zum Einsatz kamen.

Weihnachten beginnt im Herzen jedes Menschen. Mit Worten
des Dichters Angelus Silesius wünsche ich Ihnen allen: »Ach könnte
nur dein Herz zu einer Krippe werden, Gott würde noch einmal ein
Kind auf dieser Erden.«

Amen.

Liedpredigt »Es ist ein Ros entsprungen«[27]

Wolfgang Ratzmann

Die »katholische Fassung« des Liedes mit den ergänzten Strophen von
Friedrich Layritz (1808–1859) wird als Solo gesungen.
Der Text lautet:

1) Es ist ein Ros entsprungen aus einer Wurzel zart,
   wie uns die Alten sungen, von Jesse kam die Art
   und hat ein Blümlein bracht
   mitten im kalten Winter, wohl zu der halben Nacht.

2) Das Röslein, das ich meine, davon Jesaia sagt,
   ist Maria die reine, die uns das Blümlein bracht.
   Aus Gottes ewgem Rat
   hat sie ein Kind geboren und blieb ein reine Magd.

3) Lob, Ehr sei Gott dem Vater,
   dem Sohn und heilgen Geist!
   Maria, Gottesmutter, sei hoch gebenedeit!
   Der in der Krippen lag,
   der wendet Gottes Zorn, wandelt die Nacht in Tag.

4) (= EG V 3) Das Blümelein so kleine, das duftet uns so süß;
   mit seinem hellen Scheine vertreibt's die Finsternis.
   Wahr Mensch und wahrer Gott,
   hilft uns aus allem Leide, rettet von Sünd und Tod.

5) (= EG V 4) O Jesu, bis zum Scheiden aus diesem Jammertal
   lass dein Hilf uns geleiten hin in den Freudensaal,
   in deines Vaters Reich,
   da wir dich ewig loben; o Gott, uns das verleih!

---

27 EG 30, Nikolaikirche zu Leipzig, am Sonntag nach Weihnachten 2012.

Liebe Gemeinde,

wenn es eine Hitparade der beliebtesten deutschen Weihnachtslieder gäbe, dann läge das Lied »Es ist ein Ros entsprungen« vermutlich ganz weit vorn. Ich vermute: auf Platz 2 nach »Stille Nacht«. Die Gründe dafür liegen wohl ebenso im Text wie in der Melodie. Der Text enthält ein Sprachbild, das sich tief in das Gemüt, in die Seele einsenkt: die aufblühende Rose im kalten Winter, in finsterer Nacht. Und die Melodie, die wir meist im klassischen Liedsatz von Michael Prätorius im Ohr haben, ist eine Weise voller kunstvoller Einfachheit, voller andächtiger Ruhe.

Aber so beliebt dieses Lied aus guten Gründen sein mag, so umstritten ist sein Text. Das schlichte Lied ist zum Gegenstand theologisch-dogmatischer und sogar antikirchlich-ideologischer Auseinandersetzungen geworden. Und auch heute können die unterschiedlichen Liedvarianten zur Verwirrung führen. So wurde mir berichtet, dass der langjährige Leiter des MDR-Rundfunkchores, Howard Armand, am Anfang seiner Tätigkeit hier in Leipzig mit seinem Chor die Textfassung einüben wollte, die wir eben gehört haben. Armand, gebürtiger Engländer, war mit dem Lied zunächst in Süddeutschland in Kontakt gekommen. Dort hatte er nur die ursprünglichere, katholische, Fassung kennen gelernt, während die eher protestantisch geprägten Sänger des Chores auf der ihnen geläufigen, »evangelischen« Fassung bestanden. Wo kommen die unterschiedlichen Textvarianten her?

Unser Lied gehört nicht zu den ältesten Liedern des Gesangbuchs. Es ist erstmals schriftlich nachweisbar in Köln 1599 und wurde wahrscheinlich in einem Kloster in Trier gedichtet und in Töne gesetzt. Inhaltlich entspricht es ganz der spätmittelalterlichen Frömmigkeit der Mystik, jener Ausdruckswelt, die nach Naturgleichnissen oder nach anderen Zeichen in der irdischen Welt sucht, um Innerliches oder auch Transzendentes aussagbar zu machen. So bekommen hier Rose und Wurzel, Blümlein und Winter einen hintergründig himmlisch-geistlichen Sinn.

Zunächst ist dieses Lied ganz von der katholischen Marienfrömmigkeit geprägt. Es greift die großartige Weissagung des Propheten Jesaja auf (Jes 11), die Prophetie von dem »Reis«, der aus dem

Stamm Isais – dem Vater Davids, latinisiert »Jesse« – hervorgehen
soll und im Lied zu einer »Ros«, einem Rosenstock, verändert wird.
Die »Wurzel Jesse« war in der mittelalterlichen Frömmigkeit gut
bekannt. Im mitternächtlichen Weihnachtsgottesdienst sang man all-
jährlich davon: »Virga Jesse floruit, Emanuel noster apparuit« (d. h.:
»Die Wurzel Jesse ist erblüht, unser Emanuel ist erschienen«). In
handgemalten Buchillustrationen oder in den Glasfenstern der großen gotischen Kathedralen hatte man ebenso dieses Motiv immer
wieder dargestellt. Aber man bezog die Wurzel Jesse auf Maria, die
Mutter Jesu. Schon deswegen, weil das lateinische Wort »virga« –
Wurzelstock oder Reis – so ganz ähnlich klang wie »virgo« – die
Jungfrau, also Maria.

Dieser Bildgedanke wird in der katholischen Liedfassung bis
heute durchgehalten: Maria ist das Röslein, die Wurzel Jesse; aber
Maria hat uns das Blümlein – Jesus – gebracht.

Wir könnten als Evangelische heute auch gut diese Fassung singen. Und es wäre auch früher nichts Anstößiges in ihr gewesen.
Denn auch die Reformatoren verehrten Maria als Vorbild des Glaubens. Und auch in der ursprünglichen Fassung ging es nicht nur um
die Verehrung der Maria selbst, sondern darum, dass sie uns »das
Blümlein« – also Christus – gebracht hat. Aber man kann es sich gut
vorstellen, dass sich ein solches Lied, in einem katholischen Kloster entstanden und zentral auf die Maria ausgerichtet, in einer Zeit
der Zuspitzung der konfessionellen Kämpfe, kurz vor Ausbruch des
Dreißigjährigen Krieges, in den evangelischen Ländern nicht ausbreiten konnte. Und so kam es nach Wolfenbüttel, in die Hände
des evangelischen Kantors und Kapellmeisters, Komponisten und
Liedsammlers Michael Praetorius. Er hat dem katholischen Lied
eine evangelische Fassung verpasst und dazu einen Liedsatz komponiert, der berückend einfach, schön und dem Lied ganz und gar
angemessen war. Er ist so bekannt, dass man ihn sogar in unserem
Gesangbuch abgedruckt hat (EG Nr. 30). Praetorius hat mit kleinen
Textänderungen aus der Maria als Rose Christus als Rose gemacht.
Vor allem in Strophe 2 wird das ganz ausdrücklich gesagt: Nicht
mehr »*ist* Maria, die reine«, sondern »*hat uns gebracht* alleine Marie,
die reine Magd.« Vielleicht empfinden wir das heute als engherzig.
Da hat konfessionelle Dogmatik ziemlich brachial auf ein zartes Lied

eingewirkt. Aber wir müssen zugleich auch sagen: Gerade so hat
dieses Lied eine ungeheure Verbreitung gefunden – nun also nicht
mehr nur in den katholischen Ländern, sondern in ganz Deutschland, und nicht nur mit seiner einstimmigen Melodie, sondern mit
einem genialen Chorsatz, der von allen Chören gern aufgegriffen
und gesungen werden konnte.

Es gehört zur weiteren Liedgeschichte, dass man bald auch
Erzählstrophen anfügte. Man wollte es nicht bei dem Bild von der
Rose bewenden lassen, sondern das weihnachtliche Geschehen von
der Krippe und den Hirten und den drei Weisen auch in dieses Lied
hineinerzählen. Es gab 20 solcher Erzählstrophen, die wohl aufgrund
ihrer eher geringen poetischen Qualität irgendwann wieder aus den
kirchlichen Gesangbüchern ausgeschieden wurden.

Und es gehört schließlich auch zur Geschichte dieses schwachen
Liedes, dass sich sogar die Nazis seiner bemächtigten. Sie kannten
keine Skrupel, Lieder als Transportmittel ideologischer Propaganda
zu benutzen. An die erste Strophe fügten sie deshalb eine zweite an,
wo von der Mutter Maria schnell zu allen Müttern und ihren Träumen übergeleitet wird. Da heißt es:

»Nun leuchtet's in den Herzen,
und aller Mütter Traum
blüht leis' in lichten Kerzen,
jung grünt des Lebens Baum ...«

Und weil man viele Kinder für den Krieg und die geplante Weltherr-
schaft brauchte, heißt es dann in der 3. Strophe:

»... viel hundert Keime regen
sich bald im weiten Land.
Viel tausend Kinderlein
Sind unsres Volkes Morgen
Des lasst uns fröhlich sein!«

Ein Lied kann sich nicht wehren. Aber die Menschen haben sich
gewehrt und an den beiden alten Fassungen festgehalten und die
Nazi-Fassung bald vergessen. Gott sei Dank.

Die Gemeinde singt die evangelische Fassung im Satz von Praetorius –
EG 30, 1+2.

1) Es ist ein Ros entsprungen
    aus einer Wurzel zart,
    wie uns die Alten sungen,
    von Jesse kam die Art
    und hat ein Blümlein bracht
    mitten im kalten Winter
    wohl zu der halben Nacht.

2) Das Blümlein, das ich meine,
    davon Jesaja sagt,
    hat uns gebracht alleine
    Marie, die reine Magd;
    aus Gottes ewgem Rat
    hat sie ein Kind geboren,
    welches uns selig macht.

Liebe Gemeinde,

was spricht uns heute an diesem Lied an? Es hängt nicht nur mit seiner bildhaft-mystischen Sprache und seiner kongenialen Melodie zusammen, dass viele von uns dieses Lied lieben, sondern auch mit seiner geistlich-inhaltlichen Substanz.

Ich will nur *zwei Aspekte* nennen:

Der eine Aspekt: Dieses Lied kommt uns wohl nur dann nahe, wenn man noch staunen, wenn man noch staunend anbeten kann. Können wir in den Weihnachtstagen noch staunen?

Zu meinen frühen Kindheitserinnerungen gehört es, dass zu Hause die Wohnzimmertür vor Weihnachten verschlossen wurde. Hinter ihr machten sich die Eltern intensiv zu schaffen. Und wir Kinder hatten keinen Zutritt. Wir konnten höchstens einmal – wenn wir groß genug dazu waren – durchs Schlüsselloch blicken. Aber die Verschlossenheit dieses Zimmers war keine Schikane der Eltern, sie diente vielmehr dazu, uns am Heiligen Abend staunend diese Türen aufzutun und uns die Pracht des Christbaumes und die Herrlich-

keiten der Geschenke wahrnehmen zu lassen. Und damit war die
Weihnachtsstube auch eine Art Gleichnis für das Staunen über die
Weihnachtsbotschaft: Denn sollte man darüber nicht staunen? Der
ewige Gott, der transzendente und jenseitige Gott, der Schöpfer des
Himmels und der Erde – kommt zu uns, diesseitig, und er wird
Mensch, noch dazu in einem Winkel der Weltgeschichte, empfangen
von einer jungen Frau, geboren in einem Stall, notdürftig in Win-
deln gewickelt und in eine Futterkrippe gelegt …

Das weihnachtliche Erleben, und zwar sowohl das der häuslichen
Feier wie auch das des geistlichen Geschehens, lebt davon, ob wir
noch staunen können. Aber die allgemeine Feierpraxis von Advent
und Weihnachten heute ist eher dazu angetan, jedes Staunen in den
Weihnachtstagen zu verhindern. Denn es werden keine Türen mehr
verschlossen und auf Weihnachten gewartet. Vielmehr ist schon vor
dem 1. Advent das volle Weihnachtsprogramm in den Innenstädten,
in den Kaufhäusern und oft auch in den Wohnungen angesagt. Wir
können nicht mehr warten. Es muss alles sofort zur Verfügung stehen. Und so ist es schwer, zu Weihnachten noch zu staunen und
nicht längst des ganzen Weihnachtsrummels überdrüssig zu sein.
Deshalb ist es wichtig, dass wir in unseren Gemeinden und in unseren Familien noch ein wenig von der Kultur des Wartens, des Noch-
nicht bewahren – um der Weihnachtsfreude und um des Weihnachtsglaubens willen: »Es ist ein Ros entsprungen aus einer Wurzel zart …
mitten im kalten Winter, wohl zu der halben Nacht.«

Und ein zweiter Aspekt: Die Alten, die uns das Lied geschenkt
haben, die wussten noch: Um die Weihnachtsbotschaft zu verstehen,
braucht man Interpretation. Ärmliche Geburten gibt es viele auf der
Welt: Kinder, die auf der Flucht geboren werden, ohne ausreichende
Nahrung, ohne Kleidung und alles das, was hygienisch nötig wäre.
Das ganze Elend heutiger Flüchtlinge darf einem mit einfallen, wenn
man an die Umstände damals in Bethlehem denkt, wenige Kilometer
von den Flüchtlingslagern entfernt, in denen heute Tausende Familien aus Syrien in der Kälte kampieren müssen.

Aber zugleich ist dieses Kind, dessen Kommen wir zu Weihnachten
feiern, ein ganz besonderes Kind. Es unterscheidet sich darin, dass in
ihm Gott selbst zur Welt kommt. Das zu erkennen, dazu brauchte die
Menschen zu allen Zeiten die Hinweise der biblischen Schriften. Schon

die alten Propheten hatten es angekündigt: Gott wird die Welt nicht einfach sich selbst überlassen. Er wird kommen. Er wird mit Gerechtigkeit richten. Es wird Frieden geben. Das Land wird voll Erkenntnis des Herrn sein. Dazu wird ein Reis aufgehen aus dem Stamm Isais. »Von Jesse kam die Art und hat ein Blümlein bracht … Aus Gottes ewgem Rat hat sie ein Kind geboren, welches uns selig macht.«

Mit der Geburt dieses Kindes ist das Elend dieser Welt nicht einfach weg. Aber es gibt Hoffnung im Dunkel, so wie zur halben Nacht – in der Mitternacht – wundersam die eine Blume anfängt zu blühen. »Die Mitte der Nacht ist der Anfang des Tages«, so heißt ein berühmter Buchtitel. Hoffnung ist möglich – schon jetzt, wenn Menschen sich aufmachen von der Krippe, Sie, ich, wir, viele andere, und wenn wir helfen, das Dunkel an den Stellen zu erleuchten, an denen wir leben. »Aus Gottes ewgem Rat hat sie ein Kind geboren, welches uns selig macht.«

Das Kind in der Krippe bringt uns das Geschenk der Seligkeit. Von ihr singt auch der alte Simeon im Evangelium dieses Sonntags. »Seligkeit« – das meint: Das Glück, dass Gott selber sich einmischt in die gegebenen schwierigen Verhältnisse von Krieg und Vertreibung oder von Sinnlosigkeit und Angst. Und das meint auch: Das Glück, dass wir ihn, Gott, seit Weihnachten auch persönlich nahe wissen dürfen – hier und alle Tage unseres Leben, sogar bis über den Tod hinaus, ewig.

Um das zu erkennen, wer dieses Kind ist und was es uns schenkt, dafür brauchen wir Interpretation, Verstehenshilfe – durch die alten Propheten, durch Menschen, die uns dieses Kind deuten oder auch durch Lieder, die es besingen. So wie unser Lied: »Es ist ein Ros entsprungen.« Amen.

Die Gemeinde singt EG 30, 3 + 4.

3) Das Blümelein so kleine,
   das duftet uns so süß;
   mit seinem hellen Scheine
   vertreibt's die Finsternis.
   Wahr' Mensch und wahrer Gott,
   hilft uns aus allem Leide,
   rettet von Sünd und Tod.

4) O Jesu, bis zum Scheiden
   aus diesem Jammertal
   lass dein Hilf uns geleiten
   hin in den Freudensaal,
   in deines Vaters Reich,
   da wir dich ewig loben;
   o Gott, uns das verleih!

Einige der Erzählstrophen des 16./17. Jahrhunderts können zusätzlich solistisch dargeboten werden. Deren Text lautet:

Wohl zu denselben Zeiten der stark und friedsam Held
Augustus, römisch Kaiser, beschrieb die ganze Welt,
den Zins von allen nahm,
da Joseph und Maria gen Bethlehem auch kam.

Die Herberg waren teuer, sie fanden kein Auf'halt,
sie kamen in ein' Scheuer, da war die Luft auch kalt.
Wohl in derselben Nacht
Marie gebar den Fürsten, der uns den Fried hat bracht.

Den Hirten bei den Schafen erschien ein Engel klar.
Er sprach: Ihr sollt nicht schlafen,
gut Botschaft bring ich zwar
von einem Kindelein,
das jetzund ist geboren von einer Jungfrau fein.

Wollt ihr das recht verstehen, zu Bethlehem zieht ein:
Ein Kindlein wird' ihr sehen, gewunden in Tüchlein
und in ein Kripp gelegt.
In Armut ist erschienen, der all's erhält und trägt.

Die Hirten zu der Stunden hoben sich auf die Fahrt,
das Kindlein sie bald funden mit seiner Mutter zart.
Die Engel sangen schon,
sie lobten Gott vom Himmel in seinem höchsten Thron.

Liedpredigt »Ich steh an deiner Krippen hier«[28]

Wolfgang Ratzmann

Die Gemeinde singt mit einem Quartett im Wechsel: EG 37, 1–3.

1) Ich steh an deiner Krippen hier,
   o Jesu, du mein Leben;
   ich komme, bring und schenke dir,
   was du mir hast gegeben.
   Nimm hin, es ist mein Geist und Sinn,
   Herz, Seel und Mut, nimm alles hin
   und lass dir's wohlgefallen.

2) Da ich noch nicht geboren war,
   da bist du mir geboren
   und hast mich dir zu Eigen gar,
   eh ich dich kannt, erkoren.
   Eh ich durch deine Hand gemacht,
   da hast du schon bei dir bedacht,
   wie du mein wolltest werden.

3) Ich lag in tiefster Todesnacht,
   du warest meine Sonne,
   die Sonne, die mir zugebracht
   Licht, Leben, Freud und Wonne.
   O Sonne, die das werte Licht
   des Glaubens in mir zugericht',
   wie schön sind deine Strahlen!

---

28 EG 37, Nikolaikirche zu Leipzig, am 1. Sonntag nach Weihnachten 2014.

Liebe Gemeinde!

> »Unter allen, die da singen
> und mit wohlgefasster Kunst
> ihrem Schöpfer Opfer bringen,
> hat ein jeder seine Gunst;
> doch der ist am besten dran,
> der mit Andacht singen kann.«

Mit diesem Vers leitete der Dichterpfarrer Paul Gerhardt einen kleinen Band mit geistlichen Liedern ein: »Doch der ist am besten dran, der mit Andacht singen kann«. Das scheint die große Gabe zu sein, die dem nördlich von Leipzig in Gräfenhainichen geborenen großen Liederdichter des 17. Jahrhunderts, Paul Gerhardt, gegeben war. Zu allen Zeiten vermochten es seine Lieder, Menschen in eine Atmosphäre von Andacht zu führen – nicht nur in der Kirche, sondern auch in der bürgerlichen Wohnstube und sogar im Gefängnis. Bei unserem Weihnachtslied hat dazu wohl auch die Melodie beigetragen, die vermutlich von Johann Sebastian Bach stammt und sich das erste Mal in dem berühmten »Musikalischen Gesangbuch« des Zeitzer Schlosskantors Georg Christian Schemelli aus dem Jahr 1736 findet. Schemelli hatte arienhafte Lieder zusammengestellt, die für den Sologesang im Haus und für die Hausandacht bestimmt waren. Und dass Paul Gerhardts Lieder sogar im Gefängnis ihre spirituelle Kraft entfalteten, das bezeugt Dietrich Bonhoeffer. Er schrieb 1943 in einem Brief aus seiner Zelle: »In den ersten 12 Tagen, in denen ich hier als Schwerverbrecher abgesondert und behandelt wurde – meine Nachbarzellen sind bis heute fast nur mit gefesselten Todeskandidaten belegt –, hat sich Paul Gerhardt in ungeahnter Weise bewährt … Ich bin in diesen Tagen vor allen schweren Anfechtungen bewahrt worden.« Und speziell zu »Ich steh an deiner Krippen hier« schreibt er: »Man muss wohl lange allein sein und es meditierend lesen, um es aufnehmen zu können. Es ist in jedem Wort ganz außerordentlich gefüllt und schön. Ein klein wenig mönchisch-mystisch ist es, aber doch gerade nur soviel, wie es berechtigt ist; es gibt doch neben dem Wir doch auch ein Ich und Christus, und was das bedeutet, kann gar nicht besser gesagt werden als in diesem Liede.«

Unser Lied gehört nicht zu den Weihnachtsschlagern, die auf den Weihnachtsmärkten dauernd gespielt werden. Da scheint es nicht ganz so hinzupassen. Aber es wird umso mehr von denen geschätzt, die auf der Suche sind nach dem Kern hinter der Schale des Trubels, die nach dem Eigentlichen von Weihnachten suchen, nach dem wahren Geschenk Gottes hinter all unserem menschlichen Schenken.

Wovon singt dieses Lied? Es beginnt mit dem kleinen Wort »Ich«. Es ist zunächst das Ich des Autors Paul Gerhardt. Aber sobald ich in das Lied einstimme, ist es auch mein Ich. Zum evangelischen Glauben gehört es, nicht nur Teil einer Masse zu sein, sondern bisweilen auch »ich« zu sagen. Credo: *Ich* glaube an Gott, den Vater ... Weihnachtliche Andacht mit Paul Gerhardt sucht nicht nur das Großereignis, den kräftigen Gesang der Masse, in dem ich aufgehen darf, so schön das ist: eine volle Kirche am Heiligen Abend. Diese Andacht führt hinein in den Dialog meiner Seele mit Gott, mit Jesus. Sie führt in die Stille, in die persönliche Anbetung, in das Sich-nicht-satt-sehen-Können an der Krippe.

Deshalb suchen viele von uns wohl auch das stille Weihnachten, vielleicht gerade unmittelbar nach Weihnachten, damit unsere Seele einstimmen und unsere innere Stimme Gott hören kann. Ich habe es als junger Pfarrer jedenfalls genossen, dass ich nicht nur die volle und unruhige Kirche am Heiligen Abend mit Krippenspiel und kurzer Predigt zu bestreiten hatte, sondern auch die Christmette am 1. Feiertag früh 7 Uhr mit ihrer Ruhe und Besinnlichkeit.

Wovon singt dieses Lied? Es singt davon, dass wir bei solcher stillen Betrachtung entdecken, wie sehr alles, was wir sind und haben, eigentlich Geschenk Gottes ist. Wer dieses Gottesgeschenk in der Krippe sieht, dem müssen die Augen aufgehen über dem eigenen Dasein. Was haben wir, was wir nicht empfangen hätten? Und deshalb ist es gut, wenn wir uns von den Hirten und den drei Weisen mit hineinziehen lassen in die Bewegung des Schenkens: »Ich komme, bring und schenke dir, was du mir hast gegeben.« Das ist ja der Sinn des eigentlichen Schenkens: Im Geschenk etwas von sich selbst, ja sich selbst zu geben. Ob unsere Geschenkpraxis zu Weihnachten dem noch entspricht? Haben wir mit unseren Geschenken zugleich Gott beschenkt? Und haben wir mit ihnen auch anderen Menschen

etwas von uns selbst geben können? War das Schenken eher eine
Pflicht, ein gegenseitiges Geschäft – oder wirklich ein Medium der
Begegnung?

Wovon singt dieses Lied? Es erzählt nicht die Weihnachtsgeschichte nach, wie es in vielen Weihnachtsliedern geschieht.
Wichtiger ist dem Dichter die Bedeutung dieses Geschehens. Und
da weiß er von einer grandiosen Wahrheit zu berichten: »Da ich
noch nicht geboren war, da bist du mir geboren ...« Klassische
protestantische Dogmatik von der Erwählung vor aller Zeit, johan-
neische Theologie in all ihrer Schwere – hier nun dichterisch aus-
geformt: Ich, ich schwache Person, mit allen Zweifeln an Gott und
der Welt und an mir selbst, ich, trotz aller Not, die ich durch-
gemacht habe und durchmachen werde: Ich bin dennoch von Gott
erwählt – längst vor meiner Geburt, von ihm zur Gemeinschaft
mit ihm bestimmt. Der Mensch ist nicht nur ein Nichts, Staub,
der eben wieder zu Staub wird, nicht nur Kanonenfutter für die
Kriege damals und heute. Er ist nicht nur eine Nummer im großen
Getriebe der Welt, schnell ersetzbar, bald vergessen, ständig übersehen. Der Mensch, ich, du, wir sind kostbar, von Gott unendlich
geliebt.

Kann das wahr sein: Gott hätte schon vor meiner Geburt für
mich Gedanken der Liebe gedacht? Oder sind das nur kindlich-
grandiose Wunschfantasien, wie manche Tiefenpsychologen meinen? Die Krippe steht dafür, dass wir diesen Glauben nicht nur aus
unseren inneren Sehnsüchten nehmen. Sie steht dafür, dass Gott
selbst sich tief erniedrigt – um unsertwillen, um meinetwillen. Sie
steht dafür, dass dieser Gott uns auch in unseren finstersten Stunden mit seinem Licht, mit seinem Leben, mit seiner »Freud und
Wonne« begegnet – wenn wir wollen. Dass das Licht der Weihnacht
zwar nicht das Dunkel der Welt aufhebt, aber dass es in die vielen Todesnächte unserer Welt und unseres eigenen Lebens hinein-
scheint: »Ich lag in tiefster Todesnacht, du warest meine Sonne.«

In meiner Familie haben wir dieses Lied mehrmals an Sterbe-
betten, auch bei den Beerdigungen unserer Eltern singen können. Da
spürten wir es, wie das Licht der Weihnacht hindurchdrang durch
das Dunkel des Todes und der Trauer. Und vielleicht haben das manche von Ihnen auch so ähnlich erlebt.

Die Gemeinde singt mit einem Quartett im Wechsel: EG 37, 4–6.

4) Ich sehe dich mit Freuden an
    und kann mich nicht satt sehen;
    und weil ich nun nichts weiter kann,
    bleib ich anbetend stehen.
    O dass mein Sinn ein Abgrund wär
    und meine Seel ein weites Meer,
    dass ich dich möchte fassen!

5) Wann oft mein Herz im Leibe weint
    und keinen Trost kann finden,
    rufst du mir zu: »Ich bin dein Freund,
    ein Tilger deiner Sünden.
    Was trauerst du, o Bruder mein?
    Du sollst ja guter Dinge sein,
    ich zahle deine Schulden.«

6) O dass doch so ein lieber Stern
    soll in der Krippen liegen!
    Für edle Kinder großer Herrn
    gehören güldne Wiegen.
    Ach Heu und Stroh ist viel zu schlecht,
    Samt, Seide, Purpur wären recht,
    dies Kindlein drauf zu legen!

Wovon singt dieses Lied? Es nimmt uns mit hinein in einen Vorgang des Sehens: »Ich sehe dich mit Freuden an …« Der Dichterpfarrer Gerhardt war nicht nur fest in der lutherischen Theologie
verwurzelt, die er schon in der Fürstenschule in Grimma und dann
bei einem ausgedehnten Theologiestudium in Wittenberg kennengelernt hatte. Er hat diese Theologie zugleich mit einer sinnlichen
Vorstellungs- und Einbildungskraft verbunden, wie sie den Mystikern aller Zeiten zu eigen war. Unmittelbar versetzt er den, der
diese Texte betet, nach Bethlehem (»Ich steh an deiner Krippen
hier«), und er lässt ihn nicht nur an das heilige Geschehen denken,
sondern er hilft ihm, es sich innerlich vorzustellen und so sinnlich

an ihm teilzunehmen. In Strophen, die wir heute nicht mehr kennen, kostet der Dichter das »süße Bild« des Krippenkindes regelrecht aus. So werden »das Mündlein« des Kindes, die »Händlein«
und die »Äuglein« mit jeweils eigenen Strophen besungen. »Der
volle Mond ist schön und klar. Schön ist der güldnen Sternen Schar.
Dies Äuglein sind viel schöner«, so heißt es in der ursprünglichen
9. Strophe.

Diese Art erscheint uns heute oft als Übersteigerung oder als
frommer Kitsch. Aber vielleicht macht das die Kraft des Glaubens
eines Paul Gerhardt aus, dass er neben die vielen Bilder des Todes,
die seine Seele im Entsetzen des Dreißigjährigen Krieges zu ver-
kraften hatte, farbig-konkrete Bilder des Gotteskindes in der Krippe
danebensetzte und sie sich »einbildete«. Nicht der Tod der Eltern
sollte die Seele besetzen, nicht die Todesbilder des großen Krieges
mit Pest und Feuer, nicht das frühe Sterben von fünf seiner sechs
Kinder. Nicht der Zorn des Berliner Kurfürsten, der ihn aus seinem Berliner Pfarramt vertrieb. Das Bild von der Krippe und von
der Weihnachtssonne sollte in seiner Seele dem allen standhalten.
Kann es sein, dass unser Glaube oft zu abstrakt, zu theoretisch ist
und dass er uns deshalb in Krisen zu wenig trägt? Wir hören zwei
der uns unbekannten Strophen.

Ein Quartett singt Strophen 2 und 13 der Originalfassung von 1653:

 2) »Du hast mit deiner lieb erfüllt
     Mein adern und geblüte /
     Dein schöner glantz / dein süsses bild
     Ligt mir gantz im gemüthe /
     Vnd wie mag es auch anders seyn /
     Wie könt ich dich / mein Hertzelein /
     Aus meinem hertzen lassen?«

13) »Du fragest nicht nach lust der welt /
     Noch nach des leibes freuden /
     Du hast dich bey uns eingestellt
     An unsrer stat zu leiden /
     Suchst meiner seelen herrlichkeit

> Durch elend und armseligkeit /
> Das wil ich dir nicht wehren.«

Wovon singt dieses Lied? »Du hast dich bei uns eingestellt, an unsrer statt zu leiden«, dichtet Paul Gerhardt in V 8. Neben den Gedanken des Geschenkes, das Gott uns mit dem Krippenkind macht, tritt mehrfach der Gedanke der Stellvertretung: »an unserer statt zu leiden«, als »Tilger unsrer Sünden«. Dem Dichter geht es nicht nur um die Freude an einem süßen Baby im romantischen Stall. Er nimmt vielmehr hinter der Krippe schon den Passionsweg Jesu und das Kreuz wahr. Wozu das Kreuz? Reicht nicht die Krippe?

Nein. Denn:

- Der Zeitgeist sagt: Du bist nur, was du aus dir machst.
- Paul Gerhardt setzt dagegen: Du warst und bist geliebt – noch bevor du geboren warst.
- Der Zeitgeist sagt: Du musst ständig perfekt sein, sonst kommst du unter die Räder.
- Paul Gerhardt setzt dagegen: Gott selbst macht gut, was du nicht gut machen kannst.

Es ist die Vision eines entlasteten Lebens, die der Dichter besingt. Und sie hängt mit der Rolle Gottes zusammen, »an unserer statt zu leiden«, mit dem Weg Jesu ans Kreuz. Wir Menschen dürfen deshalb unvollkommene Menschen sein. Wir dürfen Fehler machen. Wir können in Zweifel stürzen – über Gott und die Welt, sogar über uns selbst. Wir werden in Sackgassen geraten und nicht weiterwissen. Aber wir sind nicht am Ende, weil Gott unsere Schulden zahlt und uns aus dem Dunkel wieder ins Licht hilft.

Und weil das so ist, gerät der Dichter-Sänger in eine ungeheure Bewegung: Das Jesuskind will er neu betten. Statt Stroh und Heu sollen es Blumen sein. Nicht ein dunkler Stall, der schönste Palast wäre angemessen. Und dann schlägt das Bild um in die innerliche Bitte, dass der betende und singende Mensch selbst doch das Kripplein sein möge, in dem das Kind sich bergen und betten möchte. Da kommt wohl jede Andacht an ihr Ziel, wenn Gott selbst in das Herz, in die Seele, eines Menschen einkehrt, und wenn er, der ewige Gott,

ihn, den Menschen, ganz ausfüllt. Deshalb endet das Lied mit der
Bitte, dass wir – der Dichter, jeder Sänger des Liedes – Christus »in,
bei und an sich tragen« mögen.

Die Weihnachts-Andacht mit dem Lied will hinausführen aus
der Stille der Anbetung vor der Krippe in ein aktives Leben in
der Christusbeziehung. »In, bei und an mir« soll das Krippenkind
sein. *In* meinem Beruf mit seinen Entscheidungen, *bei* meinen
vielen Überlegungen, was ich tun und was ich lassen will, *an* den
verschiedenen Orten, an denen ich mich bewege. Wo es um Hilfe
oder verweigerte Hilfe für Flüchtlinge geht – vielleicht sogar angeb-
lich im Namen des »christlichen Abendlandes«. Wo Konflikte aus-
getragen werden. Wo ich frage, ob dieses Leben noch einen Sinn
hat. Wo wieder einmal eine helfende Hand gebraucht wird: »dass
ich dich möge für uns in, bei und an mir tragen.« Dem Christus-
kind eine Krippe sein und es im Herzen haben – das ist ein weihnachtliches Bild, und es ist zugleich eine Einladung in ein Leben
in der Christusbeziehung – zu allen Zeiten, nicht nur zur Weihnachtszeit.

Amen.

Die Gemeinde und ein Quartett singen im Wechsel: EG 37, 7–9

7) Nehmt weg das Stroh, nehmt weg das Heu,
   ich will mir Blumen holen,
   dass meines Heilands Lager sei
   auf lieblichen Violen;
   mit Rosen, Nelken, Rosmarin
   aus schönen Gärten will ich ihn
   von oben her bestreuen.

8) Du fragest nicht nach Lust der Welt
   noch nach des Leibes Freuden;
   du hast dich bei uns eingestellt,
   an unsrer statt zu leiden,
   suchst meiner Seele Herrlichkeit
   durch Elend und Armseligkeit;
   das will ich dir nicht wehren.

9) Eins aber, hoff ich, wirst du mir,
   mein Heiland, nicht versagen:
   dass ich dich möge für und für
   in, bei und an mir tragen.
   So lass mich doch dein Kripplein sein;
   komm, komm und lege bei mir ein
   dich und all deine Freuden.

Liedpredigt »Vom Himmel hoch, da komm ich her«[29]

Wolfgang Ratzmann

Liebe Gemeinde,

Musik gehörte schon von klein auf zu Martin Luther. In Mansfeld,
seinem Heimatort, und später in Eisenach, wo er in die höhere Schule
ging, war er Mitglied des Schülerchores. Und der zog mit seinen Liedern von Haus zu Haus, um Gaben zu erbetteln. Schon als Schüler
lernte er es, die Querpfeife zu spielen. Und als Student brachte er sich
das Lautenspiel bei und galt bald als geschickter Musikant.

Dennoch dauerte es bis ins mittlere Lebensalter, bis er plötzlich zum bekannten Liederdichter und Liederkomponisten wurde.
Er war schon Vierzig, als er aus tiefem inneren Entsetzen heraus
ein Protestlied gegen ein Todesurteil der Inquisition schrieb. Diese
hatte zwei junge Augustinermönche in den Niederlanden als Ket-
zer auf den Scheiterhaufen geschickt. Und es war kurz danach, als
er das Lied, nun vor allem als Medium für das Evangelium, für die
Gute Nachricht von der Liebe Gottes in Jesus Christus, entdeckte. Er
schrieb zahlreiche eigene Lieder und er warb unter seinen reformatorischen Freunden, ebenfalls ähnliche Lieder zu schreiben. Damit
löste er das aus, was man später den »reformatorischen Liederfrüh-
ling« nennen würde: Es entstanden zahlreiche Gemeindelieder, die
das Evangelium nacherzählten und durch die die Gemeinde aktiv
am Gottesdienst mitwirken konnte. Viele von ihnen kennen wir und

---

29 EG 24, Nikolaikirche zu Leipzig, am Sonntag nach Weihnachten 2015.

singen wir noch heute: »Nun freut euch, lieben Christen gmein«,
»Es ist das Heil uns kommen her« oder »Ein feste Burg ist unser
Gott« beispielsweise.

Als gegen Ende seines Lebens ein erstes prachtvolles evangelisches Gesangbuch erschien, gedruckt 1545 bei Valentin Babst in
Leipzig, enthielt es allein 37 Lutherlieder. Und der Reformator hatte
eine Vorrede zu diesem Gesangbuch beigesteuert, in der es hieß:
»Gott hat unser Herz und Mut fröhlich gemacht durch seinen lieben
Sohn, welchen er für uns gegeben hat zur Erlösung von Sünden, Tod
und Teufel. Wer solch's mit Ernst glaubet, der kann's nicht lassen, er
muss fröhlich und mit Lust davon singen und sagen, dass es andere
auch hören und herzukommen …« Nach Luther drückt sich also
ein intensiver Glaube auch darin aus, dass er Lieder gebiert, dass er
auch gesungen sein will.

So hat sich der Glaube an den in Bethlehem geborenen Gottes-
sohn reichlich Ausdruck in unseren vielen Weihnachtsliedern und
-musiken verschafft. Und wir erleben es immer wieder: Viele Menschen öffnen sich heute der Weihnachtsbotschaft am ehesten, wenn
sie ihr im Glaubenszeugnis solcher alten Lieder und Töne begegnen.
Auch unser Lutherlied »Vom Himmel hoch« gehört zu diesem Schatz
gespeicherten Weihnachtsglaubens aus alter Zeit, den wir gerne ein
wenig »auspacken« wollen, damit er heute zu uns spricht.

Die Gemeinde singt EG 24, 1–5.

1) Vom Himmel hoch, da komm ich her,
    ich bring euch gute neue Mär;
    der guten Mär bring ich so viel,
    davon ich singn und sagen will.

2) Euch ist ein Kindlein heut geborn
    von einer Jungfrau auserkorn,
    ein Kindelein so zart und fein,
    das soll eu'r Freud und Wonne sein.

3) Es ist der Herr Christ, unser Gott,
    der will euch führn aus aller Not,

er will eu'r Heiland selber sein,
von allen Sünden machen rein.

4) Er bringt euch alle Seligkeit,
die Gott der Vater hat bereit',
dass ihr mit uns im Himmelreich
sollt leben nun und ewiglich.

5) So merket nun das Zeichen recht:
die Krippe, Windelein so schlecht,
da findet ihr das Kind gelegt,
das alle Welt erhält und trägt.

Das noch immer volkstümliche Lutherlied »Vom Himmel hoch,
da komm ich her« hat der Reformator erst im Alter von 51 oder
52 Jahren geschrieben. Ob der Hausvater Luther dabei das häus-
liche Feiern mit seiner Familie und seine eigenen Kinder im Blick
hatte, wissen wir nicht. Vielleicht war das so. Auf jeden Fall war es
ihm wichtig, dass das weihnachtliche Evangelium in einer Form
besungen wird, an der auch Kinder teilhaben können. Als das
Lied erstmalig 1535 in einem frühen Gesangbuch in Wittenberg
erschien, stand es unter der Überschrift: »Ein Kinderlied auf die
Weihnacht Christi«. Dabei ist es interessant, wie Luther zur Melodie für dieses Lied kam. Auch damals sangen schon die kleineren
Kinder im Spiel bestimmte einfache Melodien, oft verbunden mit
Kreistänzen oder spielerisch zu lösenden Rätseln. Zunächst griff
Luther auf ein solches »Kranzsingelied« zurück. Bei dessen spie-
lerischer »Aufführung« wetteiferten verschiedene Sänger um den
Siegespreis eines Kranzes, indem sie jeweils eine spannende Neuig-
keit darboten. Die erste Strophe des Kinderliedes lautete ursprünglich: »Ich kumm aus fremden Landen her und bring euch viel der
neuen Mär. Der neuen Mär bring ich so viel, mehr dann ich euch
hier sagen will.«

Man stelle sich vor: Der berühmte Reformator ist sich nicht
zu fein, um ein solches Lied von der Gasse als Vorlage für ein
Weihnachtslied in Kirche und Haus zu benutzen! Er benutzt den
schlichten Reim als Vorlage für seinen neuen Text, und er nimmt

die Kinderlied-Melodie und schreibt für sie die weiteren Strophen. Es handelte sich allerdings dabei noch nicht um die Melodie, die wir heute mit dem Lied »Vom Himmel hoch, da komm ich her« verbinden. Denn er hat sich wenige Jahre später noch eine eigene Melodie einfallen lassen, die eine breitere Tonskala verwendet, die musikalisch spannungsvoller und ausdrucksstärker ist als die ursprüngliche. Aber auch für seine eigene, anspruchsvollere Weise, die sich bald durchgesetzt hat, war ihm wichtig, dass dennoch die Kinder leicht mit einstimmen können.

Es ist schön, dass die erste Melodie uns dennoch erhalten geblieben ist – und zwar mit einem anderen Text. Wir haben sie bereits kennengelernt, als wir das Lied Nr. 25 zwischen den Lesungen gesungen haben. Und wir hören sie jetzt noch einmal.

Die Orgel spielt die Melodie von EG 25.

Übrigens hat Johann Walter, der Kantor in Torgau, Freund und Berater Luthers in musikalischen Dingen, auch noch eine eigene Melodie für »Vom Himmel hoch geschrieben«. Diese hat sich für Luthers Lied nicht durchsetzen können, ist aber dennoch als Kirchenlied-Melodie für ein Morgenlied erhalten geblieben (EG 440). Wir wollen jetzt einmal hören, wie Luthers Lied mit der Melodie Johann Walters klingt.

Eine Solostimme singt EG 24, 1 nach der Melodie EG 440.

Auch wenn Luthers Lied in Text und Melodie kindgerecht konzipiert ist, hat es dennoch künstlerisches Niveau. Musikalisch zeigte sich das im Laufe der Jahrhunderte, wie große Komponisten gern die Luther-Melodie bearbeitet haben – man denke an Werke von Bach, Mendelssohn oder Reger, in denen die Melodie aufgegriffen wird. Und textlich spürt man schon bei der Gliederung der Strophen, wie hier ein Meisterpoet am Werke war, der von der mittelalterlichen Krippenspieltradition ebenso Kenntnis hatte wie von der biblischen Überlieferung der lukanischen Weihnachtsgeschichte. Ein Poet, der aber auch etwas von mystischer Gebetsfrömmigkeit versteht:

- In den Versen 1–5 tritt zunächst der Verkündigungsengel auf – ähnlich wie im Krippenspiel. Er kündigt den Christus als den an, der uns »aus aller Not führen« wird und der uns »alle Seligkeit« schenkt.
- In V 6 wechselt der Sprecher bzw. Sänger. Die Engelsbotschaft hat die Hirten und mit den Hirten zusammen die Gemeinde – uns – erreicht. Sie und wir wollen sehen, was Gott uns beschert hat.
- Und vom Vers 7 an folgt dann nach dem Schema des Krippenspiels die Anbetung der Hirten, die hier aber zur frommen Betrachtung des weihnachtlichen Geschehens durch den einzelnen Christen wird: »Merk auf, mein Herz, und sieht dahin«, endend mit der Bitte: »Ach, mein herzliebes Jesulein, mach dir ein rein sanft Bettelein, zu ruhn in meines Herzens Schrein …«

Offensichtlich war es Luther ganz wichtig, nicht nur äußerlich die biblische Botschaft zu hören, sei es im Krippenspiel oder durch das gehörte Evangelium, sondern es mit dem Herzen aufzunehmen. Erst wenn wir uns ihr im Gebet öffnen, lernen wir die »Zeichen« zu verstehen, von denen in V 5 knapp die Rede ist: Futterkrippe und Windeln. Und erst dann, wenn das Jesuskind nicht nur damals in Bethlehem geboren wird, sondern auch heute in unseren Herzen ein »rein, sanft Bettelein« findet, kommt die Weihnachtsbotschaft an ihr Ziel. Da spricht die Sprache der Mystik, in der auch Luther, bei aller Kritik an ihr, zugleich gut zu Hause war. Und schließlich wird unser Lied mit einer Lobpreisstrophe glanzvoll abgeschlossen.

Die Gemeinde singt V 6–10.

6) Des lasst uns alle fröhlich sein
   und mit den Hirten gehn hinein,
   zu sehn, was Gott uns hat beschert,
   mit seinem lieben Sohn verehrt.

7) Merk auf, mein Herz, und sieh dorthin;
   was liegt doch in dem Krippelein?
   Wes ist das schöne Kindelein?
   Es ist das liebe Jesulein.

8) Sei mir willkommen, edler Gast!
   Den Sünder nicht verschmähet hast
   und kommst ins Elend her zu mir:
   wie soll ich immer danken dir?

9) Ach Herr, du Schöpfer aller Ding,
   wie bist du worden so gering,
   dass du da liegst auf dürrem Gras,
   davon ein Rind und Esel aß!

10) Und wär die Welt vielmal so weit,
    von Edelstein und Gold bereit',
    so wär sie doch dir viel zu klein,
    zu sein ein enges Wiegelein.

Ein wunderbares Lied, einfach und kunstvoll zugleich. Aber inwiefern vermag es uns heute die Weihnachtsbotschaft zu erschließen? Zwei Gesichtspunkte sind mir für uns heute besonders wichtig.

Der *eine*: Wer ist denn dieses Kind? »Es ist der Herr Christ, unser Gott«, singt der Engel unüberhörbar in V 3. Und er widerspricht damit allen, die Jesus zwar eine besondere Bedeutsamkeit für den christlichen Glauben zubilligen – so wie die Muslime ihrem Propheten Mohammed, aber die mit der Trinität und mit der Göttlichkeit Jesu Probleme haben. Ist das nicht überholte Mythologie oder dogmatische Spitzfindigkeit?

Nein, widerspricht der Engel. Der Herr Christ ist unser Gott. In dem Kind in der Krippe kommt Gott selbst auf die Welt. Er selbst begibt sich damit in die weltlichen Mühlen von Macht- und Gewaltpolitik. Es ist der große Gott, der Schöpfer des Himmels und der Erde, der zur Weihnacht so gering wird und nun »auf dürrem Gras« liegt, »davon ein Rind und Esel aß.«

Warum ist das wichtig? Weil wir erst dann das Geschenk der Weihnacht richtig verstehen. Mit diesem Kommen in einem Menschen stellt Gott uns nicht nur ein menschliches Vorbild vor Augen. Dann wäre der Inhalt dieses Festes vor allem ein moralischer Aufruf. Nein, mit ihm interveniert Gott in unserer Welt. Sie ist – so gottlos sie sich bisweilen anfühlt, gerade heute – Gott eben nicht los. Er ist da – in Christus. Es geht nicht nur um Moral, zu glauben wie Jesus, ihm nachzufolgen, seine Maßstäbe zu befolgen. Es geht um das, »was Gott uns hat beschert«, zu glauben an Jesus, dass mit ihm Gott in unsere Welt gekommen ist – und uns »alle Seligkeit« bringt, wie Luther es ausdrückt. Gott macht sich uns zum Geschenk!

Und der *andere* Gesichtspunkt sind die Zeichen, die mit dieser Geburt verbunden sind – Krippe und Windeln – und was sie bedeuten. Und was für ein Gottesbild mit diesen Zeichen verbunden ist. Wir alle haben die Bilder der brutalen Gewalt vor Augen, die Menschen in diesem Jahr – und das auch noch im Namen eines Gottes! – entfesselt haben. Wäre es da nicht gut, mit einem Gott rechnen zu können, der jede Macht hat, Gewalt und Terror zu vertilgen? Der unendlich reich wäre, reicher als alle Ölmultis zusammen, um mit dem Geld die weltweite Armut zu beenden? Ein Gott, dem man überall aufgrund seiner Würde Ehre und Respekt bezeugt?

Aber Gott, der wahre Gott, wie er sich in Bethlehem zeigt, verzichtet auf Samt und Seide und wählt grobes Heu und primitive Windeln (V 11). Das alles wählt er, weil er die Wahrheit anzeigen will, »wie aller Welt Macht, Ehr und Gut« vor ihm nichts zählt. Der Gott der Weihnacht ist anders als der erträumte Macht-Gott menschlicher Wünsche. Er kommt in unser reales Leben, auch und gerade, wenn es uns elend zumute ist, wenn Leid und Schmerzen auszuhalten sind. Er ist da, wenn uns die Hoffnungen ausgehen oder der Mut. Er verlässt uns nicht, wenn wir schuldig werden und versagen. Das alles kann er nur, weil er nicht im Himmel der Reichen und Großen wohnt, weit weg und hoch erhaben über das Geschick von einfachen Menschen. Das alles kann er nur, weil er – manchmal so rätselhaft – anders ist. Weil er in die Niederungen der Einfachen und Geringen, der normalen Menschen, herabgekommen ist und uns hier nahe ist.

Es ist schön, dass das alte Lutherlied uns wieder neu an die Weihnachtsbotschaft erinnert. Wir sollten von ihr auch heute fröhlich und mit Lust »singen und sagen«. Sie will uns auch heute selig machen (V 4). Sie braucht Raum in unseren Herzen (V 13). Dann ändert sie uns, dass wir fröhlich singen und vielleicht sogar »springen« (V 14) –

oder dass wir unsere Ängste fahren lassen und uns stattdessen denen zuwenden, die im Elend sind. Über alles das »freuet sich der Engel Schar und singet uns solch neues Jahr.«
Amen.

Die Gemeinde singt V 11–15.

11) Der Sammet und die Seiden dein,
das ist grob Heu und Windelein,
darauf du König groß und reich
herprangst, als wär's dein Himmelreich.

12) Das hat also gefallen dir,
die Wahrheit anzuzeigen mir,
wie aller Welt Macht, Ehr und Gut
vor dir nichts gilt, nichts hilft noch tut.

13) Ach mein herzliebes Jesulein,
mach dir ein rein sanft Bettelein,
zu ruhen in meins Herzens Schrein,
dass ich nimmer vergesse dein.

14) Davon ich allzeit fröhlich sei,
zu springen, singen immer frei
das rechte Susaninne schön,
mit Herzenslust den süßen Ton.

15) Lob, Ehr sei Gott im höchsten Thron,
der uns schenkt seinen ein'gen Sohn.
Des freuet sich der Engel Schar
und singet uns solch neues Jahr.

Jahreswechsel

Liedpredigt »Nun lasst uns gehn und treten«[30]

Peter Zimmerling

Liebe Gemeinde,

ich möchte heute in der Predigt Paul Gerhardts Lied »Nun lasst uns gehn und treten« auslegen. Denn es ist ein verlässlicher Begleiter beim Übergang ins neue Jahr. Das Lied entstand wohl zum Jahreswechsel 1652/1653. Es sollte das Jahr werden, in dem Gerhardt auffallend viele Lieder veröffentlicht hat. Erst fünf Jahre zuvor war der Dreißigjährige Krieg zu Ende gegangen. Zwei Jahre vorher hatte Gerhardt – mehr als zwanzig Jahre nach dem Beginn des Theologiestudiums in Wittenberg – seine erste Pfarrstelle in Mittenwalde bei Berlin angetreten. Und zwei Jahre später würde er endlich heiraten können.

Die Gemeinde singt V 1.

1) Nun lasst uns gehn und treten / mit Singen und mit Beten
   zum Herrn, der unserm Leben / bis hierher Kraft gegeben.

Die erste Strophe stellt das Präludium für das ganze Lied dar. Sie bildet eine Art Vorzeichen für die übrigen 14 Strophen. Die Strophe fordert die christliche Gemeinde auf, sich an Gott zu wenden, sich auf ihn auszurichten: ihm zu singen und zu ihm zu beten. Damit sind die beiden Grundformen der Kommunikation des Menschen mit Gott angesprochen. Gleichzeitig klingt der Cantus firmus des Liedes an. Der Dank ist der Grundton, der das gesamte Lied durchzieht und

---

30 EG 58, Nikolaikirche zu Leipzig, am 31.12.2017.

prägt. Zuerst wird Gott dafür gedankt, dass er bis zum heutigen Tag
Kraft gegeben hat: dass er das Leben bewahrt hat und es gelingen ließ.

Die beiden folgenden Strophen beschreiben das Leben im Bild
der Wanderschaft. Das ist eine Metapher, die, gerade auf der Schwelle
vom alten zum neuen Jahr, jeden unmittelbar anspricht. Paul Gerhardt verschließt nicht die Augen vor den Dunkelheiten der Welt,
die zum Leben jedes Menschen gehören: In Deutschland war damals
gerade der dreißigjährige Krieg zu Ende gegangen. Das Land hatte
mehr als ein Drittel seiner Bevölkerung verloren. In Sachsen und
Brandenburg waren die Verluste sogar noch erheblich höher. Mittenwalde, Gerhardts Pfarrstelle, war ein Landstädtchen und hatte von
seinen gut 1000 Einwohnern vor dem Krieg 250 übrig behalten. Es
war noch voller Ruinen, und die Narben des Krieges verheilten nur
langsam. Der Wiederaufbau hatte gerade erst begonnen.

Heute leben wir in Deutschland, ja in ganz Mittel- und Westeuropa,
auf einer Insel des Friedens. Das sollten wir uns beim Innehalten an
der Schwelle zum neuen Jahr bewusst machen und Gott von Herzen
dafür danken. Grund genug, unser Herz angesichts der vielen Kriegs-
und Elendsgebiete der Erde weit zu machen. D. h. in meinen Augen
nicht, dass wir alle Menschen in Deutschland aufnehmen sollten, die
unterwegs sind auf der Suche nach besseren Lebensbedingungen.
Dennoch verpflichtet unser Reichtum uns dazu, für bessere Lebensbedingungen in deren Heimatländern zu sorgen – und gleichzeitig
den wirklichen Kriegsflüchtlingen Asyl zu gewähren, solange es für
sie unmöglich ist, in ihren Heimatländern im Frieden zu leben.

Die Gemeinde singt V 2 + 3.

2) Wir gehn dahin und wandern / von einem Jahr zum andern,
   wir leben und gedeihen / vom alten bis zum neuen

3) durch so viel Angst und Plagen, / durch Zittern und durch
   Zagen,
   durch Krieg und große Schrecken, / die alle Welt bedecken.

Die folgenden vier Strophen sind ein einziges Loblied auf die
bewahrende Kraft Gottes. Zuerst wird der allmächtige Gott mit

einer Mutter verglichen. Wie eine Mutter ihre Kinder vor Gefahren beschützt – wenn nötig unter Einsatz ihrer eigenen Gesundheit, ja ihres eigenen Lebens –, lässt Gott Menschen in seinem Schoß sitzen. Jemanden auf seinen Schoß nehmen, ist ein Bild innigster Nähe und Geborgenheit. Wir kennen alle das Sprichwort: »Ich fühle mich so sicher wie in Abrahams Schoß.« Dieses Sprichwort wird noch einmal gesteigert, indem der Dichter es auf Gott selbst überträgt: Kann es einen sichereren Ort geben als den Schoß des allmächtigen Gottes?!

Paul Gerhardt gebraucht in seinem Lied noch ein anderes Bild, um das bewahrende Handeln Gottes zum Ausdruck zu bringen: Gott als Hüter des Lebens! Der Dichter nimmt darin Aussagen des 121. Psalms auf, in dem vom göttlichen Lebenshüter gesagt wird, dass er anders als ein menschlicher Hüter weder schläft noch schlummert, d. h. dass er anders als wir Menschen keinen Schlaf braucht. Gott lässt seine Augen bei Tag und Nacht über unseren Wegen offenstehen.

Es ist sicherlich vernünftig, bestimmte Versicherungen abzuschließen: z. B. eine Krankenversicherung oder eine Rentenversicherung. Es gibt jedoch viele Menschen in unserer Gesellschaft – wahrscheinlich gehören auch einige unter uns dazu –, die aus lauter Angst vor dem, was in der Zukunft alles passieren könnte, ihr Leben durch eine Vielzahl von Versicherungen absichern wollen. Der Dichter will uns angesichts dieses falschen Sicherheitsstrebens in Erinnerung rufen, dass alle Sorge umsonst ist, wenn nicht Gott selbst uns behütet und bewahrt.

Dabei ist sich Paul Gerhardt bewusst, dass auch Christen nicht gegen Unfälle, Krankheiten und Unglück gefeit sind. Doch ist Gottes Treue an jedem Morgen neu. Vor allem ist seine Treue kräftig und zuverlässig, um alles Leid zu wenden. Der Dichter spricht hier aus eigener Erfahrung in Erinnerung an drei Jahrzehnte Krieg und manche schweren Schicksalsschläge. Auf dem Porträt Paul Gerhardts, das in der Kirche seiner letzten Pfarrstelle in Lübben im Spreewald hängt, wird diese Erfahrung in einem kurzen lateinischen Vers zusammengefasst: »Paulus Gerhardus, Theologus, in cribro Satanae tentatus et devotus postea obiit« – auf Deutsch: »Paul Gerhardt, Theologe, in Satans Sieb versucht und später fromm gestorben«.

Die Gemeinde singt V 4–7.

4) Denn wie von treuen Müttern / in schweren Ungewittern
   die Kindlein hier auf Erden / mit Fleiß bewahret werden,

5) also auch und nicht minder / lässt Gott uns, seine Kinder,
   wenn Not und Trübsal blitzen, / in seinem Schoße sitzen.

6) Ach Hüter unsres Lebens, / fürwahr, es ist vergebens
   mit unserm Tun und Machen, / wo nicht dein Augen
   wachen.

7) Gelobt sei deine Treue, / die alle Morgen neue;
   Lob sei den starken Händen, / die alles Herzleid wenden.

Nachdem der Dichter in den ersten sieben Strophen seines Liedes
zum Loben und Danken aufgefordert hat, stehen in den folgenden
acht Strophen die Bitten an Gott im Vordergrund. Dabei nimmt die
Bitte um Freude den größten Raum ein: Gott soll ein Brunnen der
Freude bleiben; er soll Freudenströme fließen lassen und schließlich:
er soll fröhliche Gedanken geben. Warum diese starke Betonung der
Freude? Die Bitte um Freude wird verständlich, wenn wir uns noch
einmal daran erinnern, dass damals die Schrecken des erst wenige
Jahre zuvor zu Ende gegangenen Krieges äußerlich und innerlich
noch allgegenwärtig waren. Der Jammer über die vielen Toten war
noch nicht verklungen. Wir können uns vorstellen, dass die trauma-
tischen Erfahrungen des Krieges die Seelen vieler Menschen noch
fest im Griff hielten. Der Dichter hat jedoch erfahren, dass Trauer
und Freude sich nicht ausschließen müssen. Dass vielmehr auch mitten in der Trauer ein Gefühl der Freude im menschlichen Herzen
Raum gewinnen kann. Verantwortlich für diese Freude ist die Nähe
Gottes, der mit seinem Licht die Finsternis der Seele zu erhellen vermag. Der Geist Gottes ist nämlich ein Geist der Freude, der Trauer
und Hoffnungslosigkeit vertreibt.

    Paul Gerhardt war ein Mensch, der zu Schwermut neigte. Darum
war ihm die Bitte um Freude auch persönlich wichtig. Die Gerhardt-
Lieder zählen zu den großen Tröstern der Menschheit! Meine These

ist: Das hohe Trostpotenzial der Lieder hat seine Ursache darin, dass sie aus dem eigenen Trostbedürfnis des Dichters erwachsen sind. Er schrieb sie zur eigenen Vergewisserung und Ermutigung angesichts zahlreicher Bedrängnisse von Innen und Außen. Ich habe den Eindruck, dass Paul Gerhardt die Trostkraft seiner Lieder zuerst an sich selbst getestet hat! Das macht sie bis heute so glaubwürdig. Gerhardt beschönigt nichts, aber durch die Not hindurch gewinnen Hoffnung und Zuversicht, ja Freude, Raum. Auf diese Weise können die Lieder ihre Heilkraft auch angesichts von Trauer und Schwermut entfalten.

Gerade am Vortag eines neuen Jahres türmt sich für schwermütige und zu Depressionen neigende Menschen das Unbekannte bedrohlich wie eine schwarze Wand vor ihnen auf. Sie stehen in Gefahr, dass schwere Gedanken, Ängste und Verzweiflung sie überschwemmen. Umso wichtiger, gerade an diesem Tag, Gott um fröhliche Gedanken zu bitten. Gedanken und Stimmungen kann sich ja niemand einfach verbieten. Sie verschwinden nicht einfach. Sie können aber durch andere, durch positive Gedanken und Gefühle, ersetzt werden.

Um was bittet der Dichter zusammen mit der singenden Gemeinde an der Schwelle vom alten zum neuen Jahr neben der Freude außerdem? Zunächst um Geduld. Wer an Gott glaubt, braucht Geduld! Gott ist nämlich kein Macher, kein Aktivist! Er leistet sich den Luxus, Zeit zu haben. Schon im Alten Testament wird ihm als wichtige Eigenschaft die Geduld zugeschrieben. Gott hat zusammen mit dem Kosmos die Zeit erschaffen. Darum ist er auch Herr der Zeit und hat buchstäblich alle Zeit der Welt. In der Offenbarung des Johannes, dem letzten Buch der Bibel, heißt es (Offb 12,12), dass nur der große Gegenspieler Gottes, der Teufel, wenig Zeit hat. Er weiß nämlich, dass seine Zeit unaufhaltsam abläuft, zu Ende geht. Es ist kein gutes Zeichen, dass ein Kennzeichen der Erregungsgesellschaft, in der wir gegenwärtig leben, die immer stärkere Beschleunigung der Zeit ist. Gebe Gott, dass wir uns davon im kommenden Jahr nicht noch mehr anstecken lassen! Lassen Sie uns bewusst Zeiten der Besinnung vor Gott in unserem Tagesablauf einplanen!

Paul Gerhardt bittet in seinem Lied zum Jahreswechsel auch um Segen. Darunter versteht die Bibel nicht bloß den spirituellen, sondern durchaus auch den materiellen Segen. Nur als Mitglieder einer

Wohlstands-, ja einer Überflussgesellschaft können wir uns der Illusion hingeben, die materielle Seite des Segens Gottes spiele für uns keine Rolle. Arme und Bedürftige wissen es besser!

Schließlich bittet der Dichter um Gnade. Ein Wort, das heute nur noch schwer verständlich ist, obwohl es ein Zentralwort des reformatorischen Christseins darstellt. Martin Luther erkannte: Sola gratia, allein durch Gnade, sind wir vor Gott gerechtfertigt. Aus Gnade hat Gott seinen Sohn für uns dahingegeben. Ohne Vorleistungen hat er uns zu seinen Söhnen und Töchtern angenommen.

Die Gemeinde singt V 8–13.

8) Lass ferner dich erbitten, / o Vater, und bleib mitten
   in unserm Kreuz und Leiden / ein Brunnen unsrer Freuden.

9) Gib mir und allen denen, / die sich von Herzen sehnen
   nach dir und deiner Hulde, / ein Herz, das sich gedulde.

10) Schließ zu die Jammerpforten / und lass an allen Orten
    auf so viel Blutvergießen / die Freudenströme fließen.

11) Sprich deinen milden Segen / zu allen unsern Wegen,
    lass Großen und auch Kleinen / die Gnadensonne scheinen.

12) Sei der Verlassnen Vater, / der Irrenden Berater,
    der Unversorgten Gabe, / der Armen Gut und Habe.

13) Hilf gnädig allen Kranken, / gib fröhliche Gedanken
    den hochbetrübten Seelen, / die sich mit Schwermut quälen.

In der vorletzten Strophe findet sich erneut eine Horizonterweiterung. Darin geht es plötzlich nicht mehr lediglich um gelingendes Leben im kommenden Jahr. In dieser Strophe wird die ewige Bestimmung des Menschen thematisiert. Christlicher Glaube heißt, unter dem geöffneten Himmel Gottes zu leben. Keiner, auch der religiöseste Mensch, kann sich den Himmel aus eigener Kraft aufschließen. Dazu brauchen wir alle Kraft aus der Höhe – den Heiligen Geist, Gottes eigenen Geist. Nur in seiner Kraft ist es möglich, die Schwerkraft zu überwinden, die uns alle von Natur aus an diese Erde kettet. Nur der Geist Gottes kann uns den Geschmack für die Ewigkeit Gottes, für den Himmel, schenken und erhalten. Je älter Menschen werden, desto schwieriger wird es für viele, nicht im Pessimismus zu versinken. Lassen Sie uns darum bitten, dass der Heilige Geist uns immer wieder neu die Flügel der Hoffnung auf das ewige Leben bei Gott verleiht.

Amen.

Die Gemeinde singt V 14 + 15.

14) Und endlich, was das meiste, / füll uns mit deinem Geiste,
der uns hier herrlich ziere / und dort zum Himmel führe.

15) Das alles wollst du geben, / o meines Lebens Leben,
mir und der Christen Schare / zum sel'gen neuen Jahre.

Liedpredigt »Der du die Zeit in Händen hast«[31]

Peter Zimmerling

Liebe Gemeinde,

ich möchte heute eine Liedpredigt halten. Es soll um Jochen Kleppers Lied zur Jahreswende »Der du die Zeit in Händen hast« (EG 64) gehen. Es begleitet mich schon mehrere Jahrzehnte lang. Das Gedicht steckt voller Bibel – vor allem voller Psalmverse. Es verbindet den Rückblick auf das vergangene und den Ausblick auf das kommende Jahr miteinander. Angesichts des Übergangs vom alten in das neue Jahr versucht der Dichter, dem Geheimnis des menschlichen Lebens auf die Spur zu kommen. Er betrachtet unser Leben, indem er es im Gebet vor Gott ausbreitet.

---

31 EG 64, Nikolaikirche zu Leipzig, am 31.12.2016.

Erstmals gedruckt wurde Kleppers Lied 1938, vor fast 80 Jahren, in der Neujahrsausgabe der »Deutschen Allgemeinen Zeitung«, dem Vorläufer der heutigen »Frankfurter Allgemeinen Zeitung«. Erstaunlich ist, dass es trotz schwerer Kritik vonseiten der Zensur damals erscheinen konnte. Das Lied stellt das außergewöhnliche Glaubenszeugnis eines außergewöhnlichen Mannes in einer außergewöhnlichen Zeit dar. Der Tenor der Aussagen des Gedichtes unterscheidet sich vollkommen von dem im Dritten Reich vorherrschenden Zeitgeist. Deutschland war – nach der Schmach des Versailler Friedensvertrags – unter den Nationalsozialisten auf dem Weg, seine frühere Macht zurückzugewinnen. Die Nazis träumten von einem »Tausendjährigen Reich«. Die erdrückende Mehrheit der Deutschen war begeistert. An notwendige Grenzen menschlicher und damit auch nationaler Macht dachten damals nur wenige. Jochen Klepper war mit einer jüdischen Frau verheiratet. Darum kannte er die Schattenseite der nationalsozialistischen Herrschaft aus eigenem Erleben. Er beurteilte die vermeintliche Herrlichkeit neuer deutscher Größe aus der Perspektive von unten, aus dem Blickwinkel der Verfolgten und in ihren bürgerlichen Rechten mehr und mehr Eingeschränkten. Durch seine Frau und deren beide Töchter erfuhr er, wie der Lebensradius der jüdischen Deutschen immer mehr eingeschränkt wurde. Umso erstaunlicher, aber auch umso glaubwürdiger mutet darum das Glaubenszeugnis Kleppers an, das er in seinem Lied dichterisch zum Ausdruck gebracht hat.

Die Gemeinde singt V 1.

1) Der du die Zeit in Händen hast,
   Herr, nimm auch dieses Jahres Last
   und wandle sie in Segen.
   Nun von dir selbst in Jesus Christ
   die Mitte fest gewiesen ist,
   führ uns dem Ziel entgegen.

»Der du die Zeit in Händen hast, Herr, nimm auch dieses Jahres Last und wandle sie in Segen.« Gott ist Herr der unaufhaltsam ver-

rinnenden Zeit, so die erste wichtige Aussage des Klepperliedes.
Im ersten Vers der Bibel heißt es: »Am Anfang schuf Gott Himmel und Erde.« Daraus lässt sich schließen, dass Gott zusammen
mit Himmel und Erde auch die Zeit geschaffen hat. Damit wird
die zweite Kernaussage des Klepperliedes plausibel: Da Gott das
All geschaffen hat, besitzt er auch die Macht, die Last des zurückliegenden Jahres in Segen zu verwandeln. Eine wunderbare Aussicht!

Wenn wir heute auf das zu Ende gehende Jahr schauen, wird
wahrscheinlich niemand sagen können, dass alles Erlebte leicht
gefallen ist und erfreut hat. Neben Vielem, was schön war, gab es
Dinge, die uns belasteten: eine notwendig gewordene Operation;
Arbeit, die bis an die Grenzen der Belastbarkeit forderte; Trauer über
den viel zu frühen, endgültigen Abschied von einem geliebten Menschen; Selbstvorwürfe, nicht schnell genug auf den Hilferuf eines
nahen Freundes reagiert zu haben; Neid angesichts des Erfolgs eines
Arbeitskollegen. Jeder von uns erinnert sich sicher noch an weitere
Dinge. Diese drückenden Lasten können dadurch zum Segen werden – so das provozierende Zeugnis des Dichters – dass wir sie in
das Licht des Glaubens stellen. Dadurch besteht die Chance, dass
sie ihre quälende Macht verlieren. Es ist möglich, sie im Gebet Jesus
Christus zu klagen. Und vielleicht erleben wir dann, dass wir ihm
sogar für manche dieser Lasten danken können: dass er uns im
Krankenhaus nicht allein gelassen hat und die Operation gelungen
ist; dass trotz Stress und Arbeitsdruck viele Dinge erstaunlicherweise dennoch rechtzeitig abgeschlossen werden konnten; dass uns
Versäumnisse und Unterlassungen von unseren Mitmenschen ver-
geben wurden.

Die Gemeinde singt V 2 + 3.

2) Da alles, was der Mensch beginnt,
    vor seinen Augen noch zerrinnt,
    sei du selbst der Vollender.
    Die Jahre, die du uns geschenkt,
    wenn deine Güte uns nicht lenkt,
    veralten wie Gewänder.

3) Wer ist hier, der vor dir besteht?
   Der Mensch, sein Tag, sein Werk vergeht:
   Nur du allein wirst bleiben.
   Nur Gottes Jahr währt für und für,
   drum kehre jeden Tag zu dir,
   weil wir im Winde treiben.

Mit zunehmendem Alter gewinnt wohl jeder den Eindruck, dass sich die Zeit von Jahr zu Jahr beschleunigt. Dieses Empfinden lässt sich psychologisch erklären: Je länger die erlebte Zeitspanne an Jahren, desto kürzer wird im Vergleich dazu die Spanne, die ein einzelnes Jahr umfasst. Gerade beim Übergang vom alten ins neue Jahr werden wir uns dieses Phänomens bewusst und damit auch der Tatsache der verrinnenden Lebenszeit. Dabei sind es nicht nur die Endlichkeit des Lebens und das damit verbundene unaufhaltsame Altern, die uns auf der Seele liegen und beunruhigen. Mehr noch ist es die Vergeblichkeit unseres Tuns, die uns an solchen Übergängen erschreckend bewusst wird. Welchen Sinn hatte es, mit aller Kraft den Abschluss eines scheinbar furchtbar wichtigen beruflichen Projektes zu betreiben? Schon kurze Zeit danach erinnert sich niemand mehr daran. Wie hat man sich abgerackert, Geld zur Seite zu legen, um endlich eine eigene Wohnung kaufen zu können – und als man endlich einziehen konnte, stellte sich heraus, dass eine Sängerin in der Wohnung nebenan Tag und Nacht ihre Stimme trainierte. Wie viel Zeit und Kraft hat man für Gespräche mit einem Ehepaar eingesetzt, um sie wieder zusammenzubringen. Am Ende war alles vergeblich. Zurückgeblieben sind drei emotional verstörte Kinder.

Wie gut, sich von Jochen Klepper angesichts der Endlichkeit und Vergeblichkeit des eigenen Tuns an den ewigen Gott erinnern zu lassen. Der Dichter versteht es, die Ewigkeit Gottes dabei nicht als erdrückende Verstärkung der Endlichkeit und Vergeblichkeit des Menschen ins Spiel zu bringen. Im Gegenteil, er vermag zu zeigen, dass die Ewigkeit Gottes des Menschen Glück bedeutet. Der ewige Gott besitzt nämlich die Macht, unser vergängliches menschliches Werk zu vollenden. Er will uns in seiner Güte im kommenden Jahr ein erfülltes Leben schenken: Indem er uns Menschen über den Weg schickt, die für uns ewige Bedeutung gewinnen. Indem er unsere Gedanken und Schritte so lenkt, dass wir Aufgaben übernehmen, die uns wirklich befriedigen, weil sie sinnvoll sind und unseren Mitmenschen nützen.

Die Gemeinde singt V 4 + 5.

4) Der Mensch ahnt nichts von seiner Frist.
    Du aber bleibest, der du bist,
    in Jahren ohne Ende.
    Wir fahren hin durch deinen Zorn,
    und doch strömt deiner Gnade Born
    in unsre leeren Hände.

5) Und diese Gaben, Herr, allein
    lass Wert und Maß der Tage sein,
    die wir in Schuld verbringen.
    Nach ihnen sei die Zeit gezählt;
    was wir versäumt, was wir verfehlt,
    darf nicht mehr vor dich dringen.

Keiner von uns weiß, wann er sterben wird. Jochen Klepper dichtet: »Der Mensch ahnt nichts von seiner Frist.« In den vergangenen Monaten habe ich von drei mir nahestehenden Menschen Abschied nehmen müssen. Von einer Mitschülerin, einem Mitstudenten und einem früheren Schüler. Ihr Tod hat mich nicht nur daran erinnert, dass ich selbst ein sterblicher Mensch bin. Er hat mir auch ins Gedächtnis gerufen, dass Endlichkeit und Vergeblichkeit etwas mit Gottes Zorn über den Menschen zu tun haben. Wir haben uns in Theologie, Kirche und Gesellschaft in den vergangenen Jahren ganz an das Bild eines lieben Gottes gewöhnt. Zusammen mit dem zunehmenden Wohlstand der meisten Menschen in unserer Gesellschaft ist die biblische Rede von Gottes Zorn und Gericht über den Menschen mehr und mehr in den Hintergrund getreten, ja beinahe in Vergessenheit geraten. Nur durch Menschen aus den Kriegs- und Elendsregionen außerhalb Europas haben wir in den letzten beiden Jahren eine Ahnung von dieser vergessenen Seite Gottes bekommen.

Die meisten Menschen außerhalb wie innerhalb der Kirche haben vergessen, dass sie Sünder sind, täglich schuldig werden an Gott und Menschen – durch Selbstsucht und Lieblosigkeit, vor allem aber durch mangelndes Vertrauen in Gottes Güte. Da ist der Dichter Jochen Klepper realistischer: Er erinnert daran, dass wir durch Gottes Zorn dahinfahren, dass wir unsere Tage in Schuld verbringen, geprägt von Versäumnissen und Verfehlungen.

Der Übergang vom alten in das neue Jahr bietet traditionellerweise die Chance, uns gerade darauf zu besinnen. Im Licht von Gottes Heiligkeit erkennen wir unsere Schuld. Wie gut, dass wir dabei nicht stehenbleiben müssen. Vielmehr ist es das große Vorrecht jedes Christen, zu wissen, wo er mit seiner Schuld und seinem Versagen hingehen kann. Das Wunder des Glaubens besteht darin, dass Gott uns nicht bei unserer Schuld behaftet, nicht darauf festnagelt. Im Gegenteil: Er will uns von ihr freimachen. Klepper dichtet: »Wir fahren hin durch deinen Zorn – und doch strömt deiner Gnade Born in unsre leeren Hände.« »Was wir versäumt, was wir verfehlt, darf nicht mehr vor dich dringen.«

Der Dichter beschreibt damit den entscheidenden Unterschied zwischen dem christlichen und dem nichtchristlichen Umgang mit Schuld und Versagen an der Jahreswende. Es geht nicht um gute Vorsätze, die sich nach kurzer Zeit sowieso jedes Jahr neu als undurchführbar erweisen. Es geht vielmehr darum, Gott im Glauben an Jesus Christus für Schuld und Versagen um Vergebung zu bitten. Befreit von den Lasten des alten Jahres wird es möglich, im neuen Jahr Gottes Gaben im eigenen Leben zu erkennen und zu gebrauchen. Jede Abendmahlsfeier lässt uns das bereits heute zeichenhaft erleben.

Die Gemeinde singt V 6.

6) Der du allein der Ewge heißt
und Anfang, Ziel und Mitte weißt
im Fluge unsrer Zeiten:
Bleib du uns gnädig zugewandt
und führe uns an deiner Hand,
damit wir sicher schreiten.

Viele Menschen haben am Übergang in ein neues Jahr Angst –
oder zumindest ein mulmiges Gefühl. Zu Recht! Keiner weiß, was
das neue Jahr bringen wird: im persönlichen wie im gesellschaftlichen Leben. Angesichts von Digitalisierung und Globalisierung
betreffen uns die Kriegsereignisse in Syrien oder die politischen Veränderungen in den Vereinigten Staaten genauso wie die wirtschaftlichen Entwicklungen im fernen China. Darüber kann es einem
durchaus angst und bange werden. Vielleicht sind aus diesem Grund
außergewöhnlich viele Mitglieder des Regierungskabinetts in Berlin –
einschließlich der Kanzlerin – bewusste Christen. Sie haben erkannt,
wie begrenzt ihre politischen Handlungsmöglichkeiten angesichts
der weltweiten Verflechtungen in Wahrheit sind.

Angesichts der genannten Verunsicherungen erinnert uns Jochen
Klepper in der letzten Strophe seines Lieds zur Jahreswende an das
einzig wirksame Heilmittel gegen die Angst: »Bleib du uns gnädig
zugewandt und führe uns an deiner Hand, damit wir sicher schreiten.« Ein einprägsames Bild: Gottes Angesicht, seine Augen – so
die Bitte –, sollen auf uns ruhen. Gott möge uns also mit seinem
Segen begleiten.

Als zusätzlichen Beistand wünscht der Beter sich, dass Gott ihn
auf den Wegen des kommenden Jahres an die Hand nimmt. Was für
ein schönes Bild der Geborgenheit! Wie gut tat es als Kind, in der
fremden Stadt voller unbekannter Menschen an der Hand des Vaters
oder der Mutter gehen zu können. Bemerkenswerterweise spricht
Jochen Klepper nicht vom Gehen, sondern vom Schreiten an der
Hand Gottes – als ob er damit zum Ausdruck bringen wollte: Christen sind zwar Kinder Gottes, was aber nicht mit Unselbstständigkeit
und Unmündigkeit verwechselt werden darf. Vielmehr sind Christen Söhne und Töchter Gottes und lernen an dessen Hand den auf-
rechten Gang – auch im ungewissen neuen Jahr. »Und führe uns an
deiner Hand, damit wir sicher schreiten.«

Amen.

Liedpredigt »Von guten Mächten still und treu umgeben«[32]

Peter Zimmerling

Liebe Gemeinde,

zum Ende des alten Jahres möchte ich eine etwas andere Predigt als gewohnt halten. Es soll in der folgenden Liedpredigt um Dietrich Bonhoeffers Gedicht »Von guten Mächten treu und still umgeben« gehen, dessen Strophen wir während der Predigt nacheinander gemeinsam singen wollen. Bonhoeffer hat das Gedicht im Dezember 1944 im Gefängnis als Gruß eines Todgeweihten an seine Verlobte und seine Eltern zu Weihnachten und zum neuen Jahr geschrieben.

1. Wie wurde Dietrich Bonhoeffer zum Dichter?

Dass Bonhoeffer zum Dichter wurde, war für einen wissenschaftlichen Theologen alles andere als selbstverständlich. Es hängt mit seiner Verlobten Maria von Wedemeyer zusammen. Mit ihr, einer 18-jährigen jungen Frau, hat sich der 37-jährige Bonhoeffer erst unmittelbar vor seiner Verhaftung verlobt. Es war Maria von Wedemeyer, die Bonhoeffer im Gefängnis erkennen half, dass er bis dahin mehr oder weniger als »Kopffüßler« gelebt hat. Die Liebe zu ihr eröffnete ihm den Weg zu einem ganzheitlichen Leben. Er begriff: Jesus Christus hat das ganze Leben geschaffen – und nimmt es als Herr auch ganz für sich in Anspruch. Damals schrieb Bonhoeffer aus dem Gefängnis: »Man soll Gott in dem finden und lieben, was er uns gerade gibt; wenn es Gott gefällt, uns ein überwältigendes irdisches Glück genießen zu lassen, dann soll man nicht frömmer sein als Gott und dieses Glück durch übermütige Gedanken und Herausforderungen und durch eine wildgewordene religiöse Phantasie, die an dem, was Gott gibt, nie genug haben kann, dieses Glück wurmstichig werden lassen. ... Es ist Übermut, alles auf einmal haben

---

32 EG 65, Nikolaikirche zu Leipzig, am 31.12.2015.

zu wollen, das Glück der Ehe und das Kreuz und das himmlische Jerusalem.«

Nach der ersten Sprecherlaubnis der Verlobten im Gefängnis verfasste Bonhoeffer sein erstes Gedicht. Es ist überschrieben mit »Vergangenheit«. Dieses Gedicht ist sein persönlichstes geworden: ein Liebesgedicht, allerdings – wie kann es bei einem Vollbluttheologen anders sein – ein Liebesgedicht in Form eines Psalms. Dass Bonhoeffer Maria im Gefängnis wider Erwarten wiedersah, muss ihn ungeheuer erschüttert haben. Er ringt in dem Gedicht darum, Marias Bild, und damit sie selbst, nicht wieder zu verlieren:

»Wie der Hauch des warmen Atems
sich in kühler Morgenluft auflöst,
so zerrinnt dein Bild, […]
ein Lächeln, ein Blick, ein Gruß erscheint mir,
doch es zerfällt, löst sich auf […].«

Erst am Ende des mehrere Seiten umfassenden Gedichts begreift Bonhoeffer, dass er Maria allein durch Dank und Reue vor Gott wiedergewinnen kann:

»Über deiner Nähe erwach ich mitten in tiefer Nacht
und erschrecke –
bist du mir wieder verloren? Such' ich dich ewig vergeblich,
dich, meine Vergangenheit, meine?
Ich strecke die Hände aus
und bete –
und ich erfahre das Neue:
Vergangenes kehrt dir zurück
als deines Lebens lebendigstes Stück
durch Dank und durch Reue.«

2. Das Gedicht »Von guten Mächten treu und still umgeben«

Das Gedicht »Von guten Mächten treu und still umgeben« hat Bonhoeffer in den Tagen vor dem 19.12.1944 an einem Ort des Grauens geschrieben: im Kellergefängnis der Gestapo-Zentrale in der damaligen Berliner Prinz-Albrecht-Straße, mitten im Regierungs-

viertel. Man kann diesen Ort heute besichtigen: Die Gedenkstätte
trägt den Namen »Topographie des Terrors«. Dadurch, dass nur noch
die Kellerräume erhalten geblieben sind, ist die Atmosphäre des
Ortes besonders bedrückend. Bonhoeffer war hier zusammen mit
anderen Nazigegnern fürchterlichen Verhören ausgesetzt; viele seiner Mitgefangenen hatten Folterungen zu erdulden. Während Berlin
täglich bombardiert wurde, funktionierte das nationalsozialistische
Terrorregime ohne Unterbrechung weiter. Bonhoeffer musste in diesen Monaten in der Prinz-Albrecht-Straße täglich mit seiner Hinrichtung rechnen.

Auf diesem Hintergrund gelesen, fängt das Gedicht erst richtig
zu sprechen an. Das ist wohl auch der Grund, weshalb es Menschen
aus allen Weltgegenden das Herz anrührt. Das Gedicht stellt Bonhoeffers geistliches Vermächtnis dar: Der dem Tode Geweihte hat
es in seinen letzten erhaltenen Brief an die Verlobte eingefügt. Im
Angesicht des Todes wird schonungslos deutlich, was die letzten
Beweggründe eines Menschen sind. Das gilt auch für Bonhoeffer
und sein letztes Gedicht.

Die Gemeinde singt V 1 + 2.

1) Von guten Mächten treu und still umgeben,
   behütet und getröstet wunderbar,
   so will ich diese Tage mit euch leben
   und mit euch gehen in ein neues Jahr.

2) Noch will das alte unsre Herzen quälen,
   noch drückt uns böser Tage schwere Last.
   Ach Herr, gib unsern aufgeschreckten Seelen
   das Heil, für das du uns geschaffen hast.

Gerade haben wir gesungen: »Ach Herr, gib unsern aufgeschreckten
Seelen das Heil, für das du uns geschaffen hast.« Ja, aufgeschreckt
ist unsere Seele oft – und verzagt. Da sind die Ängste vor dem, was
kommt. Sie halten uns fest im Griff und drohen, uns die Luft zum
Atmen zu nehmen. Wir fühlen uns überfordert, getrieben von den
vielen Ansprüchen: von uns selbst, aber auch von den Ansprüchen

anderer an uns. Da wird der Glaube unter der Hand zu einem zusätzlichen Anspruch. Gott wird jemand, der uns einzwängt mit seinen Ansprüchen, mit seinen Geboten.

Bonhoeffer entlarvt diese Vorstellung als ein großes Missverständnis: Gott hat uns geschaffen, damit wir das Heil empfangen. Darin liegt unsere Bestimmung, ja unser Wesen: Dass wir heil werden an Leib, Seele und Geist. Das ist Evangelium, das ist gute Botschaft: Wir dürfen die übertriebenen Ansprüche loslassen, die andere und wir selbst an uns haben! Wir können heilsam bei uns selbst einkehren.

Die Gemeinde singt V 3.

3) Und reichst du uns den schweren Kelch, den bittern
   des Leids, gefüllt bis an den höchsten Rand,
   so nehmen wir ihn dankbar ohne Zittern
   aus deiner guten und geliebten Hand.

Ich bin als Gymnasiast zusammen mit einer Reihe von Mitschülern im Religionsunterricht Christ geworden. Kurz darauf lernte ich das Bonhoeffersche Gedicht kennen. Im Schülerbibelkreis sangen wir es mit Begeisterung. Bonhoeffer selbst war mir zu diesem Zeitpunkt ganz unbekannt. Ich weiß, dass mich die dritte Strophe besonders berührte und nachdenklich machte: »Und reichst du uns den schweren Kelch, den bittern, des Leids, gefüllt bis an den höchsten Rand, so nehmen wir ihn dankbar ohne Zittern aus deiner guten und geliebten Hand.« Damals versuchte ich, Problemen und Schwierigkeiten, so gut ich es vermochte, aus dem Weg zu gehen. Meine Lebensmaxime war – wahrscheinlich wie die vieler anderer Schüler auch –, den Weg des geringsten Widerstandes zu gehen. Aus Bonhoeffers Worten klang eine andere Lebenseinstellung heraus, die mich verwirrte.

Im Dezember 1944 musste er damit rechnen, das Naziregime nicht zu überleben. Und genau zu diesem Zeitpunkt schrieb er »Von guten Mächten still und treu umgeben«. In den beiden zurückliegenden Gefängnisjahren hatte Bonhoeffer unter schweren inneren Kämpfen gelernt, darin Gottes Führung in seinem Leben zu sehen. Weil er wusste, dass auch der bittere Kelch des Leids aus Gottes guter und geliebter Hand kam, konnte er ihn schließlich dankbar und ohne Zittern nehmen. Ich kennen eine Reihe von Christen, die diese Strophe nicht mitsingen. Sie können nicht glauben, dass Gott einem Menschen Leiden schickt. Der Apostel Paulus und viele andere Christen nach ihm waren jedoch überzeugt, dass Leiden sogar eine Auszeichnung durch Gott darstellt. Es macht uns nämlich dem Schicksal Jesu Christi ähnlich. Auch Martin Luther war überzeugt, dass Gott sich durch die Fenster des dunklen Glaubens sehen lässt. Er meinte: Wenn es uns gut geht, kostet es nichts, an Gott zu glauben. Das, was wir im Glück als Glaube bezeichnen, ist aber nicht mehr als ein frommes Gefühl. Der Glaube beginnt erst in dem Moment interessant zu werden, wo wir in Nöte und Schwierigkeiten geraten. Dann zeigt sich, ob wir unser Leben wirklich Gott anvertraut haben und ob wir ihn um seiner selbst willen lieben oder ob wir ihn als Erfüllungsgehilfen unserer eigenen Wünsche missverstehen.

Die Gemeinde singt V 4 + 5.

4) Doch willst du uns noch einmal Freude schenken
   an dieser Welt und ihrer Sonne Glanz,
   dann wolln wir des Vergangenen gedenken
   und dann gehört dir unser Leben ganz.

5) Lass warm und hell die Kerzen heute flammen,
   die du in unsre Dunkelheit gebracht,
   führ, wenn es sein kann, wieder uns zusammen.
   Wir wissen es, dein Licht scheint in der Nacht.

Bonhoeffer hat im Gefängnis immer wieder über seine Vergangenheit nachgedacht. Herausgenommen aus einem turbulenten und fordernden Leben, getrennt von seiner Familie und seiner Verlobten, trat sein vergangenes Leben vor sein inneres Auge: mit allem Schönen, aber auch mit allem Schweren und allem Versagen. Im Nachdenken darüber kam Bonhoeffer zu der Überzeugung, dass wir uns mit unserer Vergangenheit allein durch Dank und durch Reue versöhnen können.

Viele von uns machen von Zeit zu Zeit die Erfahrung, dass längst Vergangenes wie ein Alp auf unserer Seele lastet und uns das Leben vergällt und das Glück und den Frieden zu rauben droht. Wir stellen fest, dass es Dinge in unserem Leben gibt, für die wir nicht danken können. Tatsächlich ist für manche Dinge Reue nötig, vielleicht sogar eine Beichte, um versöhnt weiterleben zu können.

Bonhoeffer geht im Gedicht noch einen Schritt weiter: Das Gedenken an die eigene Vergangenheit führt erst dann endgültig zum inneren Frieden, wenn wir bereit sind, unser Leben ganz in den Dienst für Gott zu stellen: »Doch willst du uns noch einmal Freude schenken an dieser Welt und ihrer Sonne Glanz, dann wolln wir des Vergangenen gedenken und dann gehört dir unser Leben ganz.«

Die Gemeinde singt V 6.

6) Wenn sich die Stille nun tief um uns breitet,
   so lass uns hören jenen vollen Klang
   der Welt, die unsichtbar sich um uns weitet,
   all deiner Kinder hohen Lobgesang.

In Bonhoeffers Gefängnis wurde es auch nachts nicht still. Da knallten Türen. Immer wieder wurde die Stille von Klopfzeichen durchbrochen und von Schreien der Gefangenen. Strophe 6 entwirft jedoch ein ganz anderes Bild: »Wenn sich die Stille nun tief um uns breitet, / so lass uns hören jenen vollen Klang / der Welt, die unsichtbar sich um uns weitet, / all deiner Kinder hohen Lobgesang.« Wie ist dieser Widerspruch zu erklären? Bonhoeffer hat im Gefängnis ein mystisches Gespür für die unsichtbare Welt Gottes und des Himmels entwickelt. Die Grenzen zwischen sichtbarer und unsichtbarer Welt – zwischen Erde und Himmel – werden für ihn ähnlich wie für den Propheten Jesaja durchlässig (Jes 6). Bonhoeffer kann die Welt hinter der Welt wahrnehmen. Er erkennt, dass unsere sichtbare, irdische, Welt nicht alles ist. Sie ist umgeben und durchdrungen, sie wird getragen von der Welt des Himmels. Ausgerechnet im Gestapogefängnis bekommt Bonhoeffer einen Vorgeschmack des Himmels.

Am bekanntesten ist die letzte Strophe aus Bonhoeffers Gedicht geworden.

Ich verbinde mit dieser Strophe eine persönliche Erfahrung. Eine nahe Verwandte hat sich vor einigen Jahren mit Verdacht auf Krebs einer Untersuchung unterziehen müssen. Einige Tage später saß sie voller Unruhe im Wartezimmer des Arztes, um den Befund entgegenzunehmen. Dabei fiel ihr Blick auf einen Spruch an der Wand. Die Worte trösteten sie in den bangen Minuten des Wartens auf wunderbare Weise.

Als sie mir später von dieser Erfahrung erzählte, fragte sie mich, ob ich ein Gedicht kennen würde, in dem »Von guten Mächten geborgen« vorkäme, und wer der Dichter dieses herrlichen Gedichtes sei. Ich war froh, ihr weiterhelfen zu können.

Die Erfahrung meiner Verwandten haben unzählige Menschen auf der ganzen Welt gemacht! Es gibt wohl kein geistliches Gedicht aus dem 20. Jahrhundert, das Christen und Nichtchristen unmittelbarer anspricht. Dabei ist es vor allem die Aussage von den guten Mächten, die wunderbar trösten, die Menschen innerlich berührt. Bonhoeffer hat im Brief an seine Verlobte geschrieben, was er unter den »guten Mächten« verstand: »Du, die Eltern, ihr alle, die Freunde und meine Studenten an der Front, sie alle sind für mich stets gegenwärtig. Deine Gebete, gute Gedanken, Worte aus der Bibel, längst vergangene Gespräche, Musikstücke und Bücher – das alles gewinnt Leben und Realität wie nie zuvor. Es ist eine große unsichtbare Welt, in der man lebt. An ihrer Realität gibt es keinen Zweifel.«

Gottes Nähe zeigt sich für Bonhoeffer also nicht unmittelbar, sondern mittelbar, in geschaffenen Dingen: in nahen Menschen, in deren Gebeten, in guten Gedanken, Bibelworten, Gesprächen, Musikstücken und Büchern. Sie alle sind sichtbare Zeichen, die Gottes Güte für ihn anschaulich, ja greifbar machen. Dabei rechnet Bonhoeffer genauso mit dem Geleit der Engel aus der unsichtbaren Welt Gottes, wie die Fortsetzung des Briefes zeigt: »Wenn es in dem alten Kirchenlied von den Engeln heißt: zwei, um mich zu decken; zwei, um mich zu wecken – so ist diese Bewahrung durch gute unsichtbare Mächte am Morgen und in der Nacht etwas, das Erwachsene heute genau so brauchen wie die Kinder.«

Die Gemeinde singt V 7.

7) Von guten Mächten wunderbar geborgen,
   erwarten wir getrost, was kommen mag.
   Gott ist bei uns am Abend und am Morgen
   und ganz gewiss an jedem neuen Tag.

Und der Friede Gottes, welcher höher ist als alle unsere Vernunft,
bewahre unsere Herzen und Sinne in Christus Jesus.
   Amen.

Passionszeit

Liedpredigt »O Haupt voll Blut und Wunden«[33]

Peter Zimmerling

Sehr geehrte Damen und Herren, liebe Schwestern und Brüder,

Paul Gerhardt, der Dichter des Liedes »O Haupt voll Blut und Wunden«, wurde 1607 in Gräfenhainichen vor den Toren Wittenbergs geboren und starb 1676 im Alter von 69 Jahren in Lübben im Spreewald. Ein äußerlich glanzloses Leben – ein Leben, das sogar Züge einer verkrachten Existenz erkennen lässt: Wir wissen nur wenig darüber, was Paul Gerhardt in den 23 Jahren zwischen seiner Immatrikulation an der Wittenberger Theologischen Fakultät und dem Antritt seiner ersten Pfarrstelle in Mittenwalde bei Berlin getan hat. Der Eindruck vom ewigen Studentendasein drängt sich auf. Auf jeden Fall war dieses Leben reich an Erfahrungen mit dem Tod: Zunächst verlor Paul Gerhardt in jungen Jahren seine Eltern, später fünf seiner sechs Kinder und schließlich auch noch die Ehefrau. Ein tiefer Lebenseinschnitt war der Verlust der Pfarrstelle an St. Nikolai in Berlin und die darauffolgende dreijährige Arbeitslosigkeit. Man kann sich gut vorstellen, dass diese Schicksalsschläge ihn schwer belastet haben.

Dazu kamen die katastrophalen Zeitumstände: Von den 69 Lebensjahren Paul Gerhardts fallen dreißig in einen Krieg. 1637 wurde Gräfenhainichen vernichtet, 1640 brannte ein großer Teil Wittenbergs nieder. Mittenwalde, in dem Gerhardt nur drei Jahre nach Kriegsende seinen Dienst als Pfarrer antrat, hatte zu diesem Zeitpunkt von seinen gut 1000 Einwohnern vor dem Krieg noch 250

---

33 EG 85, Schwanenritterkapelle Ansbach, am 07.08.2015 im Rahmen der Bachwoche.

übrig behalten. In einem Gedicht bringt Paul Gerhardt die Situation anschaulich zum Ausdruck: »Sieh an, mein Herz! wie Stadt und Land / an vielen Orten ist gewandt / zum tiefsten Untergang; / der Menschen Hütten sind verstört, / die Gotteshäuser umgekehrt …«

Trotz der zahlreichen Katastrophen, die das Leben Paul Gerhardts prägten, stellte seine Biografie zur damaligen Zeit keine Ausnahmeerscheinung dar. Was Gerhardt jedoch von zeitgenössischen Pfarrern unterschied, war seine Dichtkunst. Als Handwerkszeug stand ihm dafür eine umfassende theologische und literarische Bildung zur Verfügung. Offensichtlich bot ihm die Dichtung die Möglichkeit, seine biografischen Erfahrungen zur Sprache zu bringen und sie dadurch zu verarbeiten. Das soll nicht heißen, dass sich seine Lieder auf bestimmte persönliche Erlebnisse zurückführen ließen. Das ist – wenn überhaupt – nur in ganz seltenen Fällen möglich.

Das Lied »O Haupt voll Blut und Wunden« (EG 85) stellt die Nachdichtung eines mittelalterlichen Passionsliedes dar. Sein Dichter war Arnulf von Löwen (geb. um 1200), der in der Tradition der Christusmystik Bernhards von Clairvaux stand; wie dieser war auch Arnulf selber Zisterzienserabt. Beim Vergleich der Dichtung Paul Gerhardts mit der Vorlage fällt auf, dass er diese gesteigert hat: Gerhardts Lied ist noch emotionaler, innerlicher und subjektiver. Hier führt ein Liebender ein meditatives Gespräch mit dem Gekreuzigten. Dem entspricht, dass »O Haupt voll Blut und Wunden« nach der Melodie eines Liebeslieds gesungen wird. Vor allem durch Johann Sebastian Bach ist das Lied zum Inbegriff lutherischer Kreuzesfrömmigkeit geworden. Es ist das Lied unter den Dichtungen Paul Gerhardts, das gerade Sterbende unmittelbar anzusprechen vermag. Es wurde zu einem herausragenden Mittel der seelsorgerlichen Begleitung Sterbender in der lutherischen Kirche.

Die Gemeinde singt V 1.

1) O Haupt voll Blut und Wunden,
   voll Schmerz und voller Hohn,
   o Haupt, zum Spott gebunden
   mit einer Dornenkron, o Haupt,
   sonst schön gezieret

mit höchster Ehr und Zier,
jetzt aber hoch schimpfieret:
Gegrüßet seist du mir!

Indem das Lied den gekreuzigten Jesus Christus besingt, beschreibt
es zunächst einen Menschen in seinem tiefsten Todesleid, ohne zu
beschönigen: »O Haupt voll Blut und Wunden, / voll Schmerz und
voller Hohn, / o Haupt, zum Spott gebunden / mit einer Dornenkron, / o Haupt, sonst schön gezieret / mit höchster Ehr und Zier, /
jetzt aber hoch schimpfieret: / Gegrüßet seist du mir!« (Strophe 1).
Strophe 3 geht sogar noch weiter: Darin wird ein Sterbender vor
Augen gemalt, ohne dass ein einziges frommes Wort fiele: »Die Farbe
deiner Wangen, / der roten Lippen Pracht / ist hin und ganz ver-
gangen; / des blassen Todes Macht / hat alles hingenommen, / hat
alles hingerafft, / und daher bist du kommen / von deines Leibes
Kraft.« Bis hierher lautet die realistische Botschaft des Liedes: Jesus
Christus hat wie jeder andere Mensch Sterben und Tod erlitten. Der
Tod gehört untrennbar zum menschlichen Leben dazu.

Die Gemeinde singt V 4.

4) Nun, was du, Herr, erduldet,
   ist alles meine Last;
   ich hab es selbst verschuldet,
   was du getragen hast.
   Schau her, hier steh ich Armer,
   der Zorn verdienet hat.
   Gib mir, o mein Erbarmer,
   den Anblick deiner Gnad.

In Strophe 4 erfolgt eine Identifikation des singenden Ich mit dem
Sterbenden am Kreuz: Ich selbst bin schuld am Leiden und Sterben
Jesu Christi. Von Rechts wegen hätte ich selber für meine Über-
tretungen und Sünden sterben müssen. Doch nicht mich, sondern
den Gekreuzigten hat der Zorn Gottes getroffen. Nur auf diese Weise
konnte der Gerechtigkeit Gottes Genüge getan werden. Das Leiden
und Sterben Jesu Christi hat mir Gottes Gnade erworben. Strophe 5

beschreibt in anschaulichen Bildern die Gnade, die dem Menschen durch das Sterben Jesu am Kreuz zuteilwird: Sein Wort und Sakrament verhilft mir zu einem neuen Leben, macht mich zu einem neuen Menschen.

Die Gemeinde singt V 6 + 7.

6) Ich will hier bei dir stehen,
   verachte mich doch nicht;
   von dir will ich nicht gehen,
   wenn dir dein Herze bricht;
   wenn dein Haupt wird erblassen
   im letzten Todesstoß,
   alsdann will ich dich fassen
   in meinen Arm und Schoß.

7) Es dient zu meinen Freuden
   und tut mir herzlich wohl,
   wenn ich in deinem Leiden,
   mein Heil, mich finden soll.
   Ach möcht ich, o mein Leben,
   an deinem Kreuze hier
   mein Leben von mir geben,
   wie wohl geschähe mir!

Die Versenkung in die Passion Jesu ist für spätmittelalterliche Frömmigkeit zentral, erst recht, wenn sie mystisch geprägt ist. Sie soll zur Vereinigung des Meditierenden mit dem leidenden Jesus Christus führen. In den Strophen 6 und 7 werden der sterbende Jesus und das dieses Sterben meditierende Ich eins. Dieses Einssein geht soweit, dass das Ich sich wünscht, zusammen mit Jesus Christus am Kreuz zu sterben. Denn mit Jesus zu sterben, bedeutet automatisch, auch mit ihm zu leben. »Ich will hier bei dir stehen, / verachte mich doch nicht; / von dir will ich nicht gehen, / wenn dir dein Herze bricht; / wenn dein Haupt wird erblassen / im letzten Todesstoß, / alsdann will ich dich fassen / in meinen Arm und Schoß« (Strophe 6). »Es dient zu meinen Freuden / und tut mir herzlich wohl, / wenn

ich in deinem Leiden, / mein Heil, mich finden soll. / Ach möcht
ich, o mein Leben, / an deinem Kreuze hier / mein Leben von mir
geben, / wie wohl geschähe mir!« (Strophe 7).

Die Gemeinde singt V 8 + 9.

8) Ich danke dir von Herzen,
   o Jesu, liebster Freund,
   für deines Todes Schmerzen,
   da du's so gut gemeint.
   Ach gib, dass ich mich halte
   zu dir und deiner Treu
   und, wenn ich einst erkalte,
   in dir mein Ende sei.

9) Wenn ich einmal soll scheiden,
   so scheide nicht von mir,
   wenn ich den Tod soll leiden,
   so tritt du dann herfür;
   wenn mir am allerbängsten
   wird um das Herze sein,
   so reiß mich aus den Ängsten
   kraft deiner Angst und Pein.

Paul Gerhardts Lied zeichnet sich nicht nur durch eine Überbietung mystisch geprägter Passionsfrömmigkeit aus. Der Dichter
führt darin die spätmittelalterliche Passionsfrömmigkeit in refor-
matorischem Sinne weiter. Es kommt zu einer Überbietung der vor-
gestellten durch die geglaubte Nähe Jesu. Aus der Nähe zu Jesus
durch emotionale Anteilnahme an seinem Tod in der Imagination
wird die Nähe zu ihm durch die Inanspruchnahme seines Todes im
Glauben. Nicht länger wird der Tod Jesu teilnahmsvoll meditiert,
sondern als stellvertretendes Opfer für den Menschen im Glauben
angenommen. »Mit der Strophe 8 beginnt der letzte Liedteil, in dem
anstatt der gefühlsmäßigen Teilnahme des Menschen am Sterben
Jesu nun Jesu Teilnahme am Sterben des Menschen thematisiert
wird« (Elke Axmacher). »Ich danke dir von Herzen, / o Jesu, liebs-

ter Freund, / für deines Todes Schmerzen, / da du's so gut gemeint. /
Ach gib, dass ich mich halte / zu dir und deiner Treu / und, wenn
ich nun erkalte, / in dir mein Ende sei« (Strophe 8).

In Strophe 9 geht Gerhardt noch einen Schritt weiter. Johann
Sebastian Bach hat die Strophe in der Matthäuspassion unmittelbar
nach dem Sterben Jesu am Kreuz eingefügt. »Wenn ich einmal soll
scheiden, / so scheide nicht von mir, / wenn ich den Tod soll leiden, / so tritt du dann herfür; / wenn mir am allerbängsten / wird um
das Herze sein, / so reiß mich aus den Ängsten / kraft deiner Angst
und Pein.« Der Sterbende wird nicht auf das Sterben festgelegt. Es
heißt ausdrücklich: »*Wenn* ich einmal soll scheiden«. Vor allem aber
wird ihm Mut gemacht: Wenn er im Sterben einmal alle anderen
Menschen zurücklassen muss, wird Jesus allein ihn nicht verlassen,
sondern ihm dann begegnen. Warum gerade er? Weil Jesus Christus
den Todesweg vorangegangen ist, selbst Todesangst und Todespein
erlitten hat und darum den Sterbenden versteht. Vor allem aber:
Weil Jesus stellvertretend für den Menschen Leiden und Sterben auf
sich genommen hat. Und das ist noch nicht alles: Unausgesprochen
steht dahinter Paul Gerhardts Glaube, dass der Tod Jesus wieder frei-
geben musste, weil Gott ihn von den Toten auferweckte, ihm Anteil
gab an seinem göttlichen, ewigen Leben. »Das Zusammensprechen
von ›Ich‹ und ›Du‹ zieht den Beter in die Gemeinschaft mit Christus und hilft ihm, sich wie in einer Kreuzesvision Christus als Über-
winder zu vergegenwärtigen« (Peter Bunners). Der von Gerhardt
verwendete Begriff des »Reißens« hat biblische Wurzeln (Ps. 116,8:
»Du hast meine Seele aus dem Tode gerissen«) und nimmt gleichzeitig mystische Sprache auf. Der mystische Raptus bedeutet ein
ekstatisches Hineingerissenwerden in die ewige, vollendete Gottes-
gemeinschaft.

Die letzte Strophe bildet den inhaltlichen Höhepunkt des Liedes. Sie bringt die Unio mystica, die mystische Gemeinschaft des
Glaubenden mit Jesus Christus, zum Ausdruck: »Erscheine mir zum
Schilde, / zum Trost in meinem Tod, / und lass mich sehn dein
Bilde / in deiner Kreuzesnot. / Da will ich nach dir blicken, / da will
ich glaubensvoll / dich fest an mein Herz drücken. / Wer so stirbt,
der stirbt wohl« (Strophe 10). Die visionäre Schau des Gekreuzigten
in der eigenen Todesstunde geschieht zwar im Glauben, besitzt

aber eine körperliche Dimension und führt zu einer liebenden Umarmung. Indem der auferstandene Gekreuzigte dem Menschen in seiner Todesstunde erscheint und indem Jesus dem Menschen erlaubt, ihn an sein Herz zu drücken, verliert der Tod seine Schrecken. Der Glaubende stirbt einen schönen Tod.

Die Gemeinde singt V 10.

10) Erscheine mir zum Schilde,
     zum Trost in meinem Tod,
     und lass mich sehn dein Bilde
     in deiner Kreuzesnot.
     Da will ich nach dir blicken,
     da will ich glaubensvoll
     dich fest an mein Herz drücken.
     Wer so stirbt, der stirbt wohl.

Amen.

Ostern und Osterzeit

Liedpredigt »Der schöne Ostertag«[34]

Wolfgang Ratzmann

Liebe Gemeinde,

wenn wir – wie geplant – in diesem Jahr mit unserem Chor die Markuspassion von Reinhard Kaiser aufgeführt hätten, dann wäre uns einer der Schlusschoräle vielleicht noch im Ohr: »O Traurigkeit, o Herzeleid! Ist das nicht zu beklagen? Gott, des Vaters einig Kind, wird ins Grab getragen … O große Not, Gotts Sohn liegt tot …« Vor allem der Musik ist es zu verdanken, wenn wir uns mit der Traurigkeit der Jünger Jesu und der Frauen aus der Umgebung Jesu identifizieren und etwas von ihrem tiefen Schmerz nachvollziehen können. Der, auf den sie all ihre Hoffnung gesetzt hatten, war in schrecklichster Weise gefoltert und hingerichtet worden. Sein Leichnam lag in einem Felsengrab, verschlossen von einem riesigen und schweren Stein.

Wir haben den Karfreitag nicht wie gewohnt begehen können. Aber wir haben in diesem Jahr kollektiv eine besondere Passionszeit erlebt: Eine Zeit der zunehmenden Angst vor dem unsichtbaren aggressiven und mitunter tödlichen Virus. Wie er aus dem fernen China immer näher an uns selbst heranrückte und auch unseren Alltag bestimmte. Wie vor ihm die Aktienkurse abstürzten und unsere Wirtschaft in die Knie ging. Wie Mitmenschen plötzlich zur Gefahr, zu potenziellen Infizierten wurden, die man meiden muss. Viele leiden unter Sorgen und Ängsten, vor allem die, die Quarantäne

---

34 EG 117, konzipiert für die Gnadenkirche Leipzig-Wahren zur Ostermette 2020. Die Predigt wurde wegen der Corona-Pandemie so nicht gehalten.

ertragen müssen oder gar selbst vom Virus befallen wurden. Ob
wir in unserem Leiden unter der Angst oder der Isolation dieser
Tage gelegentlich auch einmal an das Leiden Jesu gedacht haben?
Oder auch an das entsetzliche Leid anderer Menschen, die nicht nur
vom Corona-Virus bedroht werden, sondern noch dazu von Hunger, Kälte und Bomben?
　　Passion über Passion. Kein Wunder, wenn wir die Köpfe hängen
lassen und unsere Seelen tief nach unten gezogen werden.

*Die Orgel spielt einen tiefen Ton (b), hält ihn etwa eine Minute lang
aus, lässt ihn dabei in der Lautstärke anschwellen und geht dann dazu
über, leise die ersten beiden Choralzeilen erklingen zu lassen.*

Liebe Gemeinde,

wir sind heute zusammen, um Ostern zu feiern, Ostern mitten in
einer Krise, die fast alles nach unten ziehen will. Wir wollen uns in
diesem Jahr einmal die Osterbotschaft von einem Lied nahebringen
lassen. So wie Musik unsere Herzen traurig stimmen kann, so ist sie
zugleich in der Lage, österliche Gefühle der Freude und Zuversicht
in unsere Herzen zu zaubern. Das ist ihr Geheimnis, das kann sie –
oft besser, als Worte das können. Das Osterlied, um das es geht, finden wir in unserem Gesangbuch unter der Nr. 117. Es gehört nicht
zu den herkömmlich gesungenen Osterliedern. Aber es ist Vieles an
ihm, was mich fasziniert:
　　Zum Beispiel gehört es zu den Liedern, die nicht irgendwann an
einem Schreibtisch entstanden sind, sondern die Jahrhunderte lang
gewachsen sind, wie eine seltene, kostbare Pflanze, und zwar sowohl
im Blick auf die Melodie wie auch im Blick auf den Text. Und es ist
ein Lied mit einer Tonfolge, die ganz von der Botschaft geprägt ist,
der sie dient.
　　So ganz genau weiß keiner, wann die Melodie entstanden ist.
Sie findet sich aber schon 1624 in einem holländischen Gesangbuch. Das heißt: Sie ist in ihren wesentlichen Umrissen schon etwa
400 Jahre alt, wenn nicht noch älter. Sie muss wie eine Gegenmelodie
der Hoffnung gegen die schrillen Töne des Dreißigjährigen Krieges geklungen haben, der damals bereits 6 Jahre lang in Europa

wütete. Oder gegen die Pest, die Europa immer wieder heimsuchte. Eine Gegenmelodie, die man vielleicht in Hausandachten ebenso gesungen hat wie im gemeinsamen Gottesdienst.

Man hat die Melodie dann 200–250 Jahre lang vergessen. Vielleicht passte sie nicht mehr zum Geschmack der damaligen Kirchenlieder, die – jedenfalls in den holländischen mennonitischen und anderen reformierten Gemeinden – langsam und getragen vor allem feierliche Würde ausstrahlen sollten. Aber Ende des 19. Jahrhunderts wurde die bewegte und fröhliche Melodie von einem anglikanischen Geistlichen in England entdeckt und in eine Liedersammlung aufgenommen, durch die sie dann zunächst in der englischsprachigen Welt verbreitet wurde, Ende des vorigen Jahrhunderts endlich auch bei uns.

Auch der Text dieses Liedes hat eine eigene Geschichte. Mal war es ein alttestamentlicher Psalm, den man der schönen Melodie im 17. Jahrhundert zuordnete, weil im reformierten Raum zunächst nur Psalmen als Kirchenlieder zugelassen waren. Und später müssen Dichter und Musiker gespürt haben, dass sie in ihrer Lebendigkeit etwas Österliches ausstrahlt, und so gab man ihr österliche Texte mit Anspielungen auf das aufgesprengte Felsengrab Jesu oder auf das grandiose Osterbekenntnis des Apostels Paulus im 1. Kor. 15. Die jetzige Textgestalt verdanken wir einem feinfühligen Dichter und klugen Theologieprofessor aus Ostberlin, Jürgen Henkys, den ich persönlich als älteren Kollegen noch kennenlernen durfte und der vor wenigen Jahren verstorben ist. Er hat dieses Lied mit seiner wunderbaren Melodie und seinen verschiedenen historischen Textbausteinen von ökumenischen Fachtagungen mitgebracht. Und er hat daraus in deutscher Sprache 1983 dieses wunderbare ökumenische Osterlied gemacht.

Die Orgel spielt das gesamte Lied vor. Die Gemeinde singt V 1.

1) Der schöne Ostertag! Ihr Menschen kommt ins Helle!
   Christ, der begraben lag, brach heut aus seiner Zelle.
   Wär vorm Gefängnis noch der schwere Stein vorhanden,
   so glaubten wir umsonst.
   Doch nun ist er erstanden, erstanden, erstanden, erstanden.

Das erste Ostern, das die Jünger und die Frauen erlebt haben, geschah in dunkelster Zeit: »O, große Not, Gotts Sohn ist tot.« Und auch wir feiern das Fest in diesem Jahr, in dem unsere Herzen von Ängsten und Sorgen verdunkelt sind. Aber das Osterereignis bricht mit seinem Licht ein in die Dunkelheiten dieser Welt und in die Finsternisse unserer Herzen. Ostern ist ein wunderschöner Tag, der die Nacht beendet – vorausgesetzt, wir lassen uns einladen ins Helle und gehen hinaus ins Licht.

Einige von uns haben das in diesen Wochen besonders erfahren: Endlich aus dem Quarantäne-Haus wieder heraustreten können ins Helle, in die Luft. Endlich das Krankenhaus verlassen dürfen. Endlich wieder das Tageslicht sehen, die Sonne, die Blumen, den Frühling, endlich wieder frische Luft atmen. Es sind wunderbare Erfahrungen mit dem neu erwachten Leben, mit den nun wieder möglichen Kontakten zu den von uns geliebten Menschen. Und es sind alles zugleich Gleichnisse für das große Licht, das Jesus Christus zu Ostern angezündet hat: »Christ, der begraben lag, brach heut aus seiner Zelle.«

Jesu Grab wird im Lied zur Gefängniszelle, und der weggewälzte Stein wird zur aufgesprengten Zuchthaustür. Jürgen Henkys mag zugleich an die Apostel Paulus und Silas gedacht haben und ihre Befreiung aus dem Gefängnis (Apg 16), oder an die Gefängniszelle von Dietrich Bonhoeffer, mit dessen Werk und Gedichten er eng verbunden war. Vielleicht stand ihm auch die »Mauer« in Berlin vor Augen, von Soldaten streng bewacht, verbunden mit Stacheldraht und Schießbefehl der Bewacher. Wir mögen an die verfolgten Christen in vielen Ländern der Welt denken und an die vielen Gefängnistüren, die noch immer verschlossen sind. Wir feiern Ostern: Das heißt, die Grabestür Jesu, die undurchdringlichste Eisentür des Todes, ist aufgesprengt durch den Lebensgeist Gottes, mit dem er seinen Sohn auferweckt hat vom Tod und mit dem er ihm das ewige Leben gegeben hat. Gerade, weil noch immer der Tod mächtig ist, gerade, weil noch immer Menschen ungerecht in Gefängnisse gepfercht werden, gerade, weil auch unsere Herzen von Ängsten und Sorgen fest eingeschlossen sind, ist es unglaublich schön, auf den blicken zu können, der die Zelle des Todes aufgesprengt hat. Wenn der Stein noch davor wäre, wenn diese Tür noch verschlossen wäre, glaubten wir umsonst. Doch nun ist er erstanden … Jetzt explodiert die fröhliche Melodie, indem sie uns weit nach oben – ins Licht, ins Helle, ins Leben – zieht. Ein unglaublicher Aufgesang: »Erstanden, erstanden …« Es geht höher hinauf, als es unsere Stimme für möglich hält, bevor die Melodie wieder in die normale Lage zurückkehrt. Wer eine solche Melodie mitsingt, kann seinen Kopf einfach nicht mehr gesenkt halten, und dessen Seele muss sich erheben – hin zu dem Licht.

Die Gemeinde singt V 2.

2) Was euch auch niederwirft, Schuld, Krankheit, Flut und
   Beben –
   Er, den ihr lieben dürft, trug euer Kreuz ins Leben.
   Läg er noch immer, wo die Frauen ihn nicht fanden,
   so kämpften wir umsonst,
   doch nun ist er erstanden, erstanden, erstanden, erstanden.

Was wir singen, ist kein illusionäres Lied. Das Leben hält eine Menge von Realitäten bereit, die uns niederwerfen können. Ganz vorn an: Krankheit, gegenwärtig der neue Corona-Virus, der den ganzen Erdball in seiner Gewalt hält. Aber wir kennen auch das andere: Schuld, die man manchmal ein ganzes Leben lang mit sich herumschleppt und die sich wie ein schwarzes Loch in der eigenen Seele eingenistet hat. Oder plötzliche Naturkatastrophen, denen Menschen ausgesetzt sind: Dürre und Waldbrände, Dauerregen und Flut, Erdbeben und Vulkanausbrüche. Und hinzu kommt all das Leid, das von Menschen verursacht wird: wirtschaftliches Elend, Krieg und Massenflucht. Der Dichter unseres Liedes nennt Vieles. Aber er bringt das alles mit dem Ostereignis zusammen: »Er, den ihr lieben dürft, trug *euer* Kreuz ins Leben.«

Überraschend ist das eine kleine Wort: *euer* Kreuz. Normalerweise glaubt jeder, dass man genug am eigenen Kreuz, am eigenen Lebensschicksal, am eigenen Leid, zu tragen hat. Deshalb schirmen wir uns in Notsituationen gern ab, weil wir genug mit uns selbst zu tun haben. Christus aber trägt unser Kreuz. Heißt das: Christus steht in seinem Leben und Sterben stets für andere ein? Dann heißt es wohl auch: Er ist Vorbild für Menschen, die in Notzeiten Hilfe leisten und für Schwächere eintreten – Ärzte, die ihren Ruhestand unterbrechen und wieder aktiven Dienst tun, Reservisten, die sich für den Sanitätsdienst melden. Menschen für andere, wie Jesus.

Christus trug unser Kreuz, mein Kreuz ins Leben. Aber dieses Wort gräbt noch tiefer. Es rührt an das Passions- und Ostergeheimnis. Es spricht von der österlichen Entdeckung, dass der Weg Jesu an das Kreuz nicht nur einer von vielen Märtyrertoden war, die Menschen gestorben sind. Sondern, dass es Gott selbst war, der in Christus alles Kreuz der Menschheit auf sich genommen und durchgetragen hat bis ins Leben, bis ins erneuerte, ewige Leben. »Was euch auch niederwirft – er trug's am Kreuz ins Leben.« Noch gibt es das alles, was Menschen niederwerfen kann. Es hat noch viel Einfluss, aber es ist nicht mehr die letzte Macht. Gott hat gezeigt, wer die letzte Macht hat. Noch kann er nicht alles wegtun, was uns niederwirft. Aber er kann jetzt schon Menschenherzen mit Hoffnung infizieren, dass das Dunkle nur seine Zeit hat, aber nicht die Ewigkeit. Er kann uns jetzt schon mit dem Glauben erfüllen, dass er uns hilft, unser Kreuz hindurchzutragen ins Leben. Und er kann uns jetzt schon manche Angst nehmen und in unseren Seelen wieder Raum für Gedanken der Freude und der Liebe zum Nächsten schaffen.

»Doch nun ist er erstanden« – wer in diese Melodie einstimmt, kriegt solche österliche Hoffnung. Wie gut, denn wir brauchen sie zum täglichen Kampf gegen alles das, was das Leben verhindert und beschwert: »Schuld und Krankheit, Flut und Beben.« Wir kämpfen nicht umsonst, denn Christus trug sein Kreuz, unser Kreuz ins Leben.

Die Gemeinde singt V 3.

> 3) Muss ich von hier nach dort – er hat den Weg erlitten.
> Der Fluss reißt mich nicht fort, seit Jesus ihn durchschritten.
> Wär er geblieben, wo des Todes Wellen branden, so hofften
> wir umsonst.
> Doch nun ist er erstanden, erstanden, erstanden, erstanden.

Es bewegt mich oft, dass in vielen alten christlichen Liedern sehr direkt auch vom eigenen Tod gesprochen wird. Wir heute vermeiden es lieber, vom Tod zu sprechen. Und oft lassen wir solche Strophen weg, damit sie uns in unseren gemütlichen Feiern nicht stören. Aber viele von uns haben die Bilder von den vielen Särgen gesehen, die durch die italienische Armee in der Nacht abtransportiert und mit Armeefahrzeugen zur Einäscherung gefahren worden sind. Jeden Tag haben uns die Nachrichten die Zahlen der Infizierten und der Toten ins Haus gebracht. Es ist kein Zweifel: Die Pandemie bringt tausendfachen Tod. Es ist möglich, dass enge Freunde und Verwandte sterben – und dass auch wir selbst betroffen sind.

Unser Osterlied spricht vom Tod, auch wenn es ein neues Lied ist. Aber es redet verschlüsselt: »Muss ich von hier nach dort«, aus diesem Leben in das andere, kommende. Und es spricht im Bild vom Fluss, der das eine Ufer vom anderen trennt. Schon in der Antike kannte man das Bild von einem Todesfluss Acheron, durch den man am Ende hindurchmuss. Vielleicht hat der Dichter auch den Heiligen Christophorus vor Augen, der Menschen durch den reißenden Strom trägt. Wichtig ist: Jesus hat ihn durchschritten, deshalb muss uns der Todesfluss nicht fortreißen. »Dort« – das ist nun nicht mehr nur das Dunkel des Todes, der Bereich, wo »des Todes Wellen branden«; »dort« – das ist das ewige Leben, in das hinein Jesus als Erster auferstanden ist. Das ist das Leben, in dem es »kein Leid, kein Geschrei, keine Schmerzen« mehr geben wird und in dem »der Tod nicht mehr sein« wird, wie es die Offenbarung des Johannes beschreibt.

Wir müssen den Tod nicht verschweigen. Wir feiern zu Ostern den Tod des Todes und den Ausblick in das ewige Leben, in dem er endgültig entmachtet ist. Wir müssen nicht »weg von Gott« sterben, sondern wir dürfen »in ihn hinein« sterben (Ernst Lange). Ob wir das glauben können? Manchmal ja, manchmal eher nein? Wir feiern Ostern, um diesen Glauben wieder neu zu gewinnen. Deshalb lasst uns noch einmal in das Lied einstimmen, das von diesem Glauben erzählt.

Amen.

Die Gemeinde steht auf und singt alle drei Strophen, von der Orgel begleitet – evtl. ergänzt von Soloinstrumenten wie Geige oder Trompete.

Predigt zur Kantate von Georg Philipp Telemann »Nun danket alle Gott«[35]

Peter Zimmerling

Jesus Sirach 50,22–24
»22 Nun dankt dem Gott des Alls, der große Dinge tut an allen Enden, der unsre Tage erhöht vom Mutterleib an und an uns handelt nach seiner Barmherzigkeit.
23 Er gebe uns ein fröhliches Herz, und es werde Friede in Israel in unseren Tagen und immerdar; 24 sein Erbarmen bleibe stets bei uns und erlöse uns in unseren Tagen.«

Liebe Gemeinde,

soeben ist die Kantate »Nun danket alle Gott« von Georg Philipp Telemann verklungen. Dieser Lobgesang geht zu Herzen! Gott wird darin als Schöpfer und Erhalter des Lebens geehrt. Die Worte des Lobgesangs hat der Komponist aus der Lutherübersetzung des Buches Jesus Sirach (Kap. 50,22–24) entnommen, das zu den apokryphen Schriften der Bibel gehört. Nach Martin Luther sind diese »gut und nützlich zu lesen«. Wie andere Musiker vor und nach ihm, haben diese Worte Telemann offensichtlich inspiriert, dem Lob Gottes in Tönen eindrucksvoll Klang zu verleihen. Er war seit 1721 Leiter der Kirchenmusik in Hamburg und einer der bekanntesten Musiker Deutschlands.

Schon 100 Jahre vor ihm sprachen die Worte aus dem Buch Jesus Sirach Martin Rinckart aus dem sächsischen Eilenburg an. Rinckart, der zugleich Kantor und Pfarrer war, schuf den bekannten Choral »Nun danket alle Gott«. Zunächst als Tischlied gedacht, wurde er 1648 zum großen Dank-Choral für den Friedensschluss am Ende des Dreißigjährigen Krieges. Seitdem hat er einen unverzichtbaren Platz in vielen Festgottesdiensten. Daher kommt es, dass der Choral heute vielen Menschen vertrauter ist als die Kantate von Telemann.

---

35 TVWV 1:1166, Dom zu Meißen, am Kapiteltag, den 12.05.2013.

Am Beginn der Kantate fordert der Chor die ganze Menschheit auf, Gott zu danken. Alle sollen ihm danken für die großen Taten, die er auf Erden tut. Ohne zu zögern haben frühere Generationen Gott für sein Handeln in der Natur gelobt. Ein eindrucksvolles Beispiel in der Bibel stellt dafür der 104. Psalm dar: »Herr, mein Gott, du bist sehr herrlich; du bist schön und prächtig geschmückt. Licht ist dein Kleid, das du anhast. Du breitest den Himmel aus wie einen Teppich; du baust deine Gemächer über den Wassern. Du fährst auf den Wolken wie auf einem Wagen und kommst daher auf Fittichen des Windes …«

Und heute? Unter den führenden Naturwissenschaftlern gibt es nicht nur bekennende Atheisten wie Stephen Hawking. Im Gegenteil: Viele andere vertreten die Auffassung, dass hinter dem Wunderwerk der Natur eine göttliche Intelligenz, ein göttlicher Wille steht. Sie meinen, dass sich die Entstehung menschlichen Lebens sonst nicht erklären lässt. Und was denken Sie? Ich vermute, dass viele von Ihnen genau wie ich in jedem Frühjahr neu fasziniert sind vom Zusammenspiel des Lichts und der Farben. Ist das wieder erwachende Leben nicht ein Hinweis auf die Größe, Pracht und Majestät Gottes?

Aber nicht nur die großen Taten Gottes in der Schöpfung sollen gerühmt werden. Genauso ist sein Handeln in der Geschichte Anlass, ihm zu danken und ihn zu loben. Gerade als Deutsche haben wir Grund dazu. Vor wenigen Tagen, am 9. Mai, feierten viele Völker Europas den Sieg über Hitler-Deutschland. Auch wir Deutschen müssen dankbar sein, dass die Hitler-Diktatur damals zu Ende war. Ich weiß aber, dass viele das Kriegsende zunächst nicht als Befreiung, sondern als Ende ihrer Hoffnungen erlebten. Auch meine Eltern erzählten mir, dass sie damals meinten, dass für sie die Stunde Null gekommen war – nach dem Verlust der Heimat, des Besitzes und vieler nahestehender Menschen. Dennoch: Wider Erwarten ging das Leben weiter. Deutschland erhielt eine neue Chance und kehrte Stück für Stück in die Gemeinschaft der Völker zurück. Ein letzter Wendepunkt war dabei 1989. Seit der Wiedervereinigung ist Deutschland wieder souverän. Wir leben heute in einem demokratischen Rechtsstaat, der seinen Bürgerinnen und Bürgern so viel Freiheit eröffnet wie noch nie zuvor in der Geschichte. Damit sollen die bestehenden Probleme nicht schöngeredet werden. Allerdings neigen viele Deutsche wegen ihrer Gründlichkeit dazu, die Dinge schwarz zu sehen und schlecht zu reden. Otto von Bismarck meinte schon vor über 130 Jahren: »Der Deutsche hat an und für sich eine starke Neigung zur Unzufriedenheit.« Die Kantate ermutigt uns, über dem Einsatz für die Verbesserung der gesellschaftlichen Verhältnisse die Dankbarkeit für das Erreichte nicht zu vergessen.

Im zweiten Teil der Kantate, einem Duett, wird der Blick weg von den großen Dingen, die Gott in Natur und Geschichte tut, auf das Erleben des einzelnen Menschen gelenkt. Wie mit einem Fotoapparat wird das persönliche Leben herangezoomt. Und wie könnte das besser geschehen, als indem zwei Sänger sich gegenseitig Gottes Güte zusingen: »Der uns von Mutterleibe an lebendig erhält und tut uns alles Guts.« Jeder vermag Gottes Güte im eigenen Leben zu entdecken – vorausgesetzt, er schaut genau hin: Das Duett leistet Entdeckungshilfe der Güte Gottes!

Während meiner Tätigkeit als Pfarrer einer evangelischen Kommunität teilte ich das Leben mit etwa 30 jungen Erwachsenen im Alter von 18 bis 28 Jahren. Manche von ihnen waren sich ihres Selbstwerts nur unzureichend bewusst und besaßen keinen rechten Lebensmut. In der seelsorgerlichen Begleitung stellte sich häufig als hilfreich heraus, sie anzuleiten, Dankpunkte zu sammeln – zu überlegen, wofür sie in ihrem Leben dankbar waren. Jeden Tag einen Dankpunkt! Eine schlichte Übung, die im Lauf der Zeit den Blick auf das eigene Leben und auf sich selbst veränderte. Viele entdeckten: Das Leben hat auch schöne Seiten! Ich bin gar nicht der Totalversager, für den ich mich bisher gehalten habe. Eine solche seelsorgerliche Danktherapie kann man übrigens auch im Selbstversuch durchführen – selbst noch im fortgeschrittenen Alter. Sie ist nicht zu verwechseln mit der Methode des »Positive thinking«, des positiven Denkens. Diese Methode verbietet es, die dunklen Seiten des Lebens und der Persönlichkeit wahrzunehmen. Überdies wird sie als sicherer Weg zum Erfolg im Leben angepriesen. Darum geht es beim Sammeln von Dankpunkten nicht! Über den Dankpunkten brauchen die Schwierigkeiten gerade nicht verschwiegen zu werden. Aber die Probleme bekommen angesichts des Guten, für das es sich zu danken lohnt, ihre angemessene Relation und

Bedeutung. Das Dunkle verliert seine Bannkraft. Der Blick wird frei, auch das Gute im eigenen Leben und in der Gesellschaft insgesamt wahrzunehmen.

Vielleicht haben manche von Ihnen gedacht, dass mit dem Duett der Lobgesang Gottes in der Kantate zu Ende ist. Denn in der folgenden Arie, dem dritten Teil der Kantate, wird Gott nicht länger für etwas gedankt, sondern er wird um etwas gebeten: »Er gebe uns ein fröhliches Herz und verleihe immerdar Friede zu unsrer Zeit in Israel.« Gott zu bitten, ist ein unverzichtbarer Teil des Gotteslobs. Zum Lob Gottes gehört auch das Bitten. Wir loben ihn, wenn wir ihm vertrauen, dass er uns helfen wird. Lob und Bitte sind bei Gott keine Gegensätze! Warum? Zum Wesen Gottes gehört es, zu geben, sich zu verschenken. Der Psalmist ruft Gott zu: »Mein Herz freut sich, dass du so gerne hilfst« (Ps 13,6). Gott hilft gerne! Gott freut sich, Menschen zu helfen. In einem schlichten Lied heißt es: »Gott gibt am liebsten große Gaben – ach, dass wir Armen nur so kleine Herzen haben.«

Als Menschen mit »kleinen Herzen« können wir uns nur schwer vorstellen, dass Gott anders ist als wir. Er besitzt ein großes Herz! Es drängt ihn danach, uns Gutes zu tun. Deshalb hat die Kantate recht, wenn sie ihren Hörerinnen und Hörern die beiden Bitten in den Mund legt: Zuerst die Bitte um ein fröhliches Herz und dann die Bitte um Frieden. Beides hört sich zunächst nicht besonders aufregend an. Aber bei genauerem Hinschauen stellen sich beide Dinge als schlechthin entscheidend für ein gelingendes Leben heraus.

Dass ein »fröhliches Herz« die Voraussetzung eines erfüllten Lebens bildet, hat Matthias Claudius in seinem berühmten Geburtstagslied eindrücklich besungen: »Ich danke Gott und freue mich wie's Kind zur Weihnachtsgabe, dass ich bin, bin! Und dass ich dich, schön menschlich Antlitz habe.« Empirische Untersuchungen besagen, dass Depression in Deutschland die Volkskrankheit Nummer Eins darstellt. Allein dieser Befund zeigt schon, dass ein fröhliches Herz alles andere als selbstverständlich ist. Claudius erinnert in seinem Lied daran, dass ein fröhliches Herz nicht machbar ist: weder kann es durch Geld gekauft noch durch gesellschaftliches Ansehen garantiert werden. »Und all das Geld und all das Gut gewährt zwar viele Sachen; Gesundheit, Schlaf und guten Mut kann's aber doch nicht

machen.« Jemand kann eine hoch geachtete Position in der Gesellschaft einnehmen und in einer glücklichen Familie leben und trotzdem todunglücklich sein – weil er sich in seinem Beruf deplatziert
fühlt oder sich in eine andere Frau leidenschaftlich verliebt hat. Ein
fröhliches Herz ist eine Gabe, ein Geschenk Gottes und kann nur
von ihm erbeten werden.

Vielleicht geht es Ihnen wie mir: Ich fahre gerne nach Italien, weil
ich den Eindruck habe, dass dort viele Menschen ein fröhliches Herz
haben. Die Leichtigkeit des italienischen Lebens hat mich immer
angezogen. Inzwischen habe ich die Befürchtung, dass ich mich bald
nach einem anderen Urlaubsland umsehen muss: Je ordentlicher
die Italiener im Rahmen der EU werden, uns Deutschen ähnlicher,
desto mehr wird auch die Leichtigkeit des italienischen Lebens auf
der Strecke bleiben. Der Materialismus ist der größte Feind des fröh-
lichen Herzens: Er legt sich wie ein Ölfilm auf das Herz, schließt es
wie ein Speckgürtel ein. Dadurch wird es unlebendig und kann sich
am Ende weder richtig freuen noch wirklich traurig sein.

Die zweite Bitte der Arie betrifft nicht – wie das fröhliche Herz –
den privaten, sondern den gesellschaftlichen Bereich. Die Bitte um
Frieden hat in unserem Land scheinbar ihre Dringlichkeit eingebüßt.
Nach bald 70 Jahren Frieden ist das verständlich. Immerhin gibt
es wahrscheinlich einige unter uns, die die Schrecken des Zweiten
Weltkriegs noch miterlebt haben. Für sie ist der Friede alles andere
als selbstverständlich. Bei der Feier zum 60. Geburtstag eines väterlichen Freundes – sie liegt schon einige Zeit zurück – kamen wir auf
den Krieg zu sprechen. Der Freund hatte ihn als Kind und Jugendlicher in Stuttgart erlebt. Krieg, das sei das größte Übel, was man sich
vorstellen könne, meinte er plötzlich mit großem Ernst. Er fürchte
nichts, nur einen erneuten Krieg. Darum müsse alles getan werden,
um den Frieden zu erhalten. Die Fernsehbilder aus Syrien und dem
Irak verleihen seiner damaligen Forderung heute besonderen Nach-
druck. Als Christen wissen wir: Auch der Friede ist ein Geschenk
Gottes, eine Gabe des Heiligen Geistes. Wir können und sollen alles
Menschenmögliche tun, um den Frieden zu erhalten und wieder-
zugewinnen. Letztlich ist es der Geist Gottes, der die Verantwort-
lichen mit Gedanken des Friedens erfüllen muss, damit der Friede
Wirklichkeit wird.

So wie die Kantate begonnen hat, endet sie auch mit einem Chorgesang. Telemann unterstreicht damit die Bedeutung des Schlussverses. Mit ihm erreicht die Kantate ihren Höhepunkt. Noch einmal werden zwei Dinge von Gott erbeten: Neben das fröhliche Herz und den Frieden treten Gottes Gnade und seine Erlösung. Gnade und Erlösung – zwei im Gottesdienst häufig zu hörende Begriffe. Leider sind gerade sie vielen Menschen heute nur noch schwer verständlich. Das ist besonders dramatisch, weil mit ihnen der Kern des christlichen Glaubens zum Ausdruck gebracht wird. Das fröhliche Herz und der Friede bleiben unvollständig, wenn sie nicht getragen werden von Gottes Gnade und Erlösung. Schon im Alten Testament ist zu lesen, dass Gott darauf wartet, seinem Volk gnädig zu sein. Seit dem Kommen Jesu Christi wissen wir, dass Gottes Wesen durch und durch Gnade ist. Darum heißt es in der Kantate zu Recht: »Auf dass Gottes Gnade stets bei uns bleibe.« In Jesus Christus wendet uns Gott sein gnädiges Antlitz zu. Seitdem ruht sein Blick mit Wohlgefallen auf uns. Ganz egal, was wir an Falschem getan oder an Richtigem unterlassen haben: Gottes Angesicht bleibt uns gnädig zugewandt. Allerdings werden wir das nur erfahren, wenn Gottes Geist uns das Herz für den Glauben aufschließt. Los und ledig zu werden von der zerstörerischen Kraft der Sünde, erlöst zu werden – dafür braucht es die Kraft des Geistes Gottes. Der Glaube ist nicht jedermanns Ding, so schreibt schon der Apostel Paulus. Viele Menschen möchten glauben und können es nicht. Umso wichtiger, dass die Kantate einen Weg zum Glauben weist, den jeder gehen kann: Jeder hat die Möglichkeit, Gott zu bitten, ihm das Herz aufzuschließen, um seine Gnade und Erlösung zu erfahren.

Amen.

Himmelfahrt

Liedpredigt »Wir feiern deine Himmelfahrt«[36]

Peter Zimmerling

Liebe Universitätsgemeinde und liebe Gäste von nah und fern,

jemand hat Christi Himmelfahrt einen verklingenden Feiertag genannt. Erstaunlicherweise sind in den vergangenen Jahrzehnten trotzdem einige neue Gesangbuchlieder entstanden, die ihn zum Thema haben. Der heutigen Predigt liegt eines dieser neuen Himmelfahrtslieder zugrunde: »Wir feiern deine Himmelfahrt mit Danken und mit Loben«. Detlev Block, sein Schöpfer, gehört in die lange Kette der dichtenden evangelischen Pfarrer. Eine Reihe seiner Lieder hat es sogar in den Stammteil des Evangelischen Gesangbuchs geschafft. Gern gesungen wird sein Abendmahlslied »Kommt mit Gaben und Lobgesang«. Das Himmelfahrtslied findet sich im Ergänzungsband »Singt von Hoffnung. Neue Lieder für die Gemeinde der Evangelisch-Lutherischen Landeskirche Sachsens«. Detlev Block hat es während seiner Tätigkeit als Pfarrer in Bad Pyrmont 1978 auf die Melodie des Liedes »Sei Lob und Ehr dem höchsten Gut« gedichtet.

Ich kann in meiner Predigt zum Lied »Wir feiern deine Himmelfahrt« leider nicht alle Strophen auslegen. Darum möchte ich vier Aussagen herausgreifen. Dabei wird, wie ich hoffe, deutlich werden, dass die Liedstrophen durch die Existenz des Dichters hindurchgegangene Bibelworte darstellen. Mir kommt es nicht nur bei diesem Lied, sondern auch bei vielen anderen Gesangbuchliedern so vor, als hätten die Dichter deren Aussagen zunächst an sich selbst

---

36 Singt von Hoffnung 018; Universitätsgottesdienst in der neuen Universitätskirche St. Pauli, wegen der Corona-Pandemie per Video gehalten, am 21.05.2020.

erprobt. Vielleicht ist die damit verbundene seelsorgerliche Prägung
zahlreicher Gesangbuchlieder der Grund dafür, warum sie so beliebt
sind und sich in den Herzen vieler Menschen – keineswegs nur der
älteren – einen festen Platz erobert haben. Manche dieser Lieder
begleiten einen wie ein guter Freund das ganze Leben hindurch.

Die Gemeinde singt V 1 + 2.

1) Wir feiern deine Himmelfahrt
   mit Danken und mit Loben.
   Gott hat sich machtvoll offenbart,
   das Kreuz zum Sieg erhoben.
   Er sprach sein wunderbares Ja.
   Nun bist du immer für uns da,
   entgrenzt von Raum und Stunde.

2) Das Reich, in das du wiederkehrst,
   ist keine ferne Höhe.
   Der Himmel, dem du zugehörst,
   ist Herrschaft und ist Nähe.
   Präg du uns ein, Herr Jesu Christ:
   Gott ist nicht, wo der Himmel ist;
   wo Gott ist, da ist Himmel.

1. »Wo Gott ist, da ist Himmel«

Die erste wichtige Erkenntnis, die der Dichter durch das Fest der
Himmelfahrt Christi gewinnt, lautet: »Wo Gott ist, da ist Himmel.«
Damit räumt er auf mit der irreführenden Vorstellung, als ob der
Himmel ein räumlich zu lokalisierender Ort wäre. »Gott ist nicht,
wo der Himmel ist« – nein, stattdessen muss es heißen: »Wo Gott
ist, da ist Himmel!«

Mich hat immer wieder gewundert, wieso am Ende des Berichts
von Jesu Himmelfahrt in Lk 24 steht – wir haben ihn als Evange-
lienlesung gehört: Die Jünger lobten und priesen Gott. Die natürliche Reaktion eines Abschieds für immer müsste doch eigentlich
in Schmerz und Tränen bestehen. Nichts dergleichen wird erzählt.
Ganz im Gegenteil: Die Jüngerinnen und Jünger Jesu Christi wurden

von einer großen Freude erfüllt. Wie ist das zu erklären? Doch nur
so, dass Jesus zwar zu seinem himmlischen Vater zurückgekehrt ist,
aber paradoxerweise gerade auf diese Weise mit seinen Jüngern auf
immer verbunden bleibt: »Siehe, ich bin bei euch alle Tage – bis an
der Welt Ende« (Mt 28,20). Allerdings hat sich die Art und Weise
der Gegenwart Jesu durch seine Himmelfahrt verändert – und zwar
grundlegend: Er ist nicht mehr körperlich anwesend – und damit
auch nicht mehr sichtbar unter ihnen. Denn körperlich und sichtbar anwesend zu sein, heißt automatisch, nicht überall gleichzeitig
sein zu können. Durch seine Himmelfahrt lässt Jesus die Grenzen
der Körperlichkeit und der Sichtbarkeit hinter sich. Dadurch aber
kann er im Geist an jedem Ort zu jeder Zeit gegenwärtig sein. Fortan
gilt für ihn: Wo Jesus ist, da ist Himmel.

Die Gemeinde singt V 3 + 4.

3) Nimm uns in deinen Machtbereich,
gib Kraft zu Tat und Leiden
und mach uns deinem Wesen gleich
im Wollen und Entscheiden.
Wir freuen uns, Herr Jesu Christ,
dass da auch ein Stück Himmel ist,
wo wir dein Wort bezeugen.

4) Du hast die Angst der Macht beraubt,
das Maß der Welt verwandelt.
Die wahre Macht hat nur, wer glaubt
und aus dem Glauben handelt.
Wir danken dir, Herr Jesu Christ,
dass dir die Macht gegeben ist
im Himmel und auf Erden.

2. »Du hast die Angst der Macht beraubt«

In der vierten Strophe heißt es: »Du hast die Angst der Macht beraubt.« Himmelfahrt bedeutet, dass Jesus Christus die Regierung
über alle Mächte und Gewalten im Himmel und auf Erden angetreten hat. Die ersten Christen waren erfüllt von der Gewissheit, dass

nicht der Kaiser in Rom, also der Herrscher des vielleicht mächtigs-
ten Reiches der Geschichte, die letzte Macht in Händen hielt, sondern Jesus Christus, ihr Heiland und Erlöser. Daher die paniksichere
Gewissheit des Apostels Paulus, dass ihn und die anderen Glieder
der christlichen Gemeinde nichts, wirklich gar nichts und niemand
von der Liebe Gottes in Jesus Christus zu trennen vermag.

Demgegenüber scheint heute bei vielen Menschen in unserer
Gesellschaft das Gefühl der Angst den Ton anzugeben. Der verstorbene Münchener Starsoziologe Ulrich Beck hat dafür die Risiko-
gesellschaft verantwortlich gemacht. Sie sei der Auslöser für ständig
neue Ängste – und zwar im Weltmaßstab: Zuerst war es die Angst
vor der atomaren Bedrohung, dann vor der Umweltverschmutzung,
dann vor der weltweiten Klimaerwärmung und heute vor dem
Coronavirus. Dazu kommen noch die vielen Ängste im persönlichen
Leben. Je weniger wir in einer vollmobilen Gesellschaft getragen sind
von stabilen Beziehungen in Familie, Freundschaft, Nachbarschaft
und Gemeinde, desto ungeschützter treffen den Einzelnen gesund-
heitliche und finanzielle Einbrüche und Beziehungskrisen.

Die Frage ist, ob auch für uns heute, die wir in einer Risiko-
gesellschaft leben, die Chance besteht, diese Ängste mithilfe des
Glaubens an den Regierungsantritt Jesu Christi an Himmelfahrt
zu überwinden. Ich meine, dass ein erster Schritt darin besteht,
die Ängste wahrzunehmen und sie nicht zu verdrängen. Trotz – ja
gerade wegen – der enormen Möglichkeiten von Wissenschaft und
Technik gehören sie zum Leben in der modernen Gesellschaft einfach dazu. Sie sind wie ein Schatten, der diese enormen Fortschritte
begleitet. Erst in einem nächsten Schritt geht es darum, die Ängste
dem zu sagen und zu klagen, der stärker ist als die Ängste, weil ihm
alle Macht im Himmel und auf Erden gegeben ist. Jesus Christus
wird mit unseren Ängsten fertig, weil er sie ihrer Macht beraubt hat.
All die Gefahren: Coronavirus, Erderwärmung, Umweltzerstörung
und atomare Bedrohung sind Teil der geschaffenen Welt. Für mich
bedeutet das, dass Jesus Christus, der Mitschöpfer und Herrscher
der Welt, noch mächtiger ist als sie. Er wird mit den Ursachen unserer durchaus berechtigten Ängste fertig.

Entscheidend ist, dass wir uns von diesen Ängsten nicht lähmen
lassen. Seit Himmelfahrt besteht unsere Aufgabe darin, den Sieg Jesu

Christi über die vielen lebenszerstörenden Mächte der Welt auszu-
rufen. Zu bekennen, dass Jesus Christus ihnen die Macht genommen
hat. Dann werden wir erfahren, dass die Ängste ihre Macht über
uns verloren haben. Mit Detlev Block gesprochen: »Wir freuen uns,
Herr Jesus Christ, dass da auch ein Stück Himmel ist, wo wir dein
Wort bezeugen.«

Die Gemeinde singt V 5.

> 5)　Du trittst beim Vater für uns ein,
> 　　auch wenn wir es nicht sehen.
> 　　Trotz Widerspruch und Augenschein
> 　　kann uns doch nichts geschehen,
> 　　was deinem Wort, Herr Jesu Christ,
> 　　und deinem Sieg entgegen ist.
> 　　Hilf uns darauf vertrauen.

3.　»Du trittst beim Vater für uns ein«

In Strophe 5 stellt der Dichter fest: »Du trittst beim Vater für uns
ein.« Wir haben in Jesus Christus einen himmlischen Fürsprecher!

　　Es ist schon viel, einen menschlichen Fürsprecher zu haben. Mir
stehen manche schwierigen Situationen meines Lebens deutlich vor
Augen, in denen andere Menschen für mich eingetreten sind. Es
waren Stunden, in denen ich mir nicht mehr selber helfen konnte.
Besonders gut erinnere ich mich an mein Habilitationsverfahren.
Einer der Professoren hatte sich vorgenommen, meine Habilitation
zu verhindern – nicht um meinetwillen, sondern weil er sich an meinem Lehrer rächen wollte. Sein vernichtendes Statement unmittelbar im Anschluss an meine Probevorlesung brachte mich völlig aus
der Fassung. Ein anderer Professor ergriff das Wort und redete und
redete – bis ihn der Dekan ermahnte, endlich zur Sache zu kommen
und seine Frage zu stellen. Ich selbst war in der Zwischenzeit wieder zu mir gekommen und konnte die folgende Diskussion erfolg-
reich durchstehen.

　　Die Fürsprache Jesu beim Vater stelle ich mir so ähnlich vor, wie
der Kollege beim Habilitationsverfahren für mich eingetreten ist.
Mit den Worten des Liedes von Detlev Block ausgedrückt: »Trotz

Widerspruch und Augenschein kann uns doch nichts geschehen, was deinem Wort, Herr Jesu Christ, und deinem Sieg entgegen ist. Hilf uns darauf vertrauen.«

Wahrscheinlich haben viele von Ihnen ähnliche Erfahrungen mit der Fürsprache Jesu vor dem himmlischen Vater gemacht. Wir alle verdanken seiner Fürsprache unendlich viel Bewahrung in unserem Leben. Häufig sind uns die Gefahren, die auf unserem Lebensweg drohten, erst im Nachhinein zu Bewusstsein gekommen.

Die himmlische Fürsprache Jesu Christi verleiht uns Kraft von oben. Im Bild gesprochen: Seit Himmelfahrt wird jedem Christen himmlischer Sauerstoff zuteil. Wir können frei atmen.

Übrigens ist jede menschliche Fürbitte ein Abbild dieser himmlischen Fürbitte Jesu für uns. Wenn wir im Gebet für andere Menschen vor Gott eintreten, erleben diese auf geheimnisvolle Weise das Gleiche, was uns durch die Fürbitte Jesu zuteilwird.

Die Gemeinde singt V 6.

6) Wenn diese Welt zu Ende geht,
   bewahre und errette,
   was deinem Namen untersteht.
   Bereite uns die Stätte
   und hol uns heim, Herr Jesu Christ,
   dahin, wo du der König bist,
   der Friede ohne Ende.

4. »Hol uns heim«

Die letzte Strophe des Himmelfahrtsliedes von Detlev Block thematisiert die neue Welt Gottes, den Himmel. Ähnlich verhält es sich auch bei vielen Liedern Paul Gerhardts: Sie enden mit dem Ausblick auf das Ende dieser Welt und den von Gott gewirkten Neuanfang.

Wenn es ein Fest im Kirchenjahr gibt, das nach seiner noch ausstehenden Vollendung ruft, dann ist es das Himmelfahrtsfest. Denn was Christen an Himmelfahrt über den Herrschaftsantritt Jesu bekennen, ist nicht leicht zu glauben. Äußerlich gesehen spricht alles dagegen. Der Regierungsantritt Jesu will zunächst gegen allen Augenschein geglaubt werden. Dietrich Bonhoeffer schrieb aus dem Gefängnis vor seiner Hinrichtung durch Hitlers Schergen vor mittlerweile 75 Jahren: »Die Unsichtbarkeit Gottes macht uns kaputt.« Wie wir uns danach sehnen, geliebte Menschen nicht nur am Telefon zu sprechen und zu hören, so möchten wir auch Jesus und den Vater, die wir lieben, sehen und ihre Macht und Durchsetzungskraft sinnenfällig erfahren.

An Himmelfahrt wird ein kontra-faktischer Glaube verlangt. Denn wenn wir die täglichen Nachrichten hören, scheinen die Machtverhältnisse in unserer Welt dem Regierungsantritt Jesu diametral zu widersprechen. Danach ist nicht der Friedefürst, der sanftmütig auf einem Esel einziehende Jesus Christus, der Herrscher der Welt. Vielmehr bestimmen Männer wie Putin, Xi Jinping, Erdogan und Trump die Geschicke der Völker. Sie diktieren, wo es langgeht. Wir kommen nicht umhin einzugestehen, dass der Regierungsantritt Jesu noch nicht sichtbar vollendet, noch nicht endgültig durchgesetzt ist.

Diese Situation lässt Christen – und nicht nur sie – nach der endgültigen Erneuerung der politischen und gesellschaftlichen, auch der kirchlichen Verhältnisse Ausschau halten. Und das nicht nur heute, sondern schon zu allen Zeiten. Von Anfang an haben Christen geglaubt, dass diese grundlegende Erneuerung der Verhältnisse am Ende der Tage durch die Wiederkunft Jesu Christi erfolgen wird. Darum die unbändige Sehnsucht der ersten Christen nach seiner Wiederkunft: »Maran atha!« – »Unser Herr, komm!« (1Kor 16,22). So wie die Welt heute ist, kann sie für niemand eine endgültige Heimat sein. Wir warten auf einen neuen Himmel und auf eine neue Erde. Mit Detlev Block gesprochen: »Wenn diese Welt zu Ende geht, bereite uns die Stätte und hol uns heim, Herr Jesu Christ, dahin wo du der König bist, der Friede ohne Ende.«

Amen.

Pfingsten

Predigt zur Kantate von Johann Sebastian Bach »Erwünschtes Freudenlicht«[37]

Peter Zimmerling

Liebe Gemeinde!

1.

Heute feiert die Christenheit ihren Geburtstag! Sie feiert den Geburtstag der christlichen Gemeinde, zu der die unterschiedlichsten Menschen aus aller Welt gehören und die gleichermaßen Lebende und Verstorbene aller Weltzeiten umfasst. Als die ersten Jünger Jesu Christi in Jerusalem vor 2000 Jahren an Pfingsten mit dem Geist Gottes erfüllt wurden, begann die weltweite Ausbreitung des christlichen Glaubens. Heute stellt das Christentum mit weit über zwei Milliarden Anhängern die größte Weltreligion dar.

Dieser weltweiten Erfolgsgeschichte steht jedoch die alarmierende Tatsache gegenüber – Umfragen belegen es –, dass die meisten Deutschen nicht mehr wissen, warum es das Pfingstfest überhaupt gibt. Sie haben noch nie etwas vom Geist Gottes gehört. Geschweige denn könnten sie sagen, wer der Heilige Geist ist. Und vor allem: Sie wissen auch nicht, wie sie an ihm Anteil bekommen können.

Anders noch Johann Sebastian Bach vor 300 Jahren: Obwohl von Beruf Musiker, besaß er eine profunde theologische Bildung. Bach scheint regelmäßig die Bibel gelesen und die Werke der wichtigsten lutherischen Theologen seiner Zeit studiert zu haben. Darum lohnt es sich, nicht nur die musikalische Gestaltung seiner Kantaten, sondern auch deren Texte auf sich wirken zu lassen. Martin Petzoldt,

---

37 BWV 184, Universitätskirche St. Pauli zu Leipzig, am Pfingstsonntag, den 20.05.2018.

versierter theologischer Bachinterpret und einer meiner Vorgänger
im Amt des Universitätspredigers, fand heraus, dass Bach auch auf
die textliche Gestalt seiner Kantaten Einfluss nahm.

2.

Theologisch zu Recht setzt Bachs Kantate zum dritten Pfingsttag ein
mit der Anrede an den Geist Gottes: »Erwünschtes Freudenlicht!«
Pfingsten ist das Fest der Freude! Das Pfingstfest bringt in besonderer
Weise den Kern des christlichen Glaubens zur Anschauung: Christentum ist Freude – die Freude darüber, dass das Leben neu anfangen
kann! Das Pfingstfest liegt mitten im Frühling, der Jahreszeit, in
der alles wieder grünt und blüht. Die Natur soll mitpredigen, mit
Zeugnis geben von der belebenden und erneuernden Kraft des Heiligen Geistes. So wie nach langen Herbst- und Wintermonaten die
Natur im Frühjahr zu neuem Leben erwacht, wird das altgewordene
Leben durch die Ausgießung des Geistes wieder neu. So wie die Natur
nach dem Grau in Grau des Winters im Frühling eine regelrechte
Explosion an Licht und Farben erlebt, bringt der Geist Gottes in müde,
alt und krank gewordenes Leben wieder Freude und Liebe, wieder
neue Dynamik und neue Spannung hinein.

Der überwiegende Teil der Leipziger versteht sich als religiös un-
musikalisch. Zugegeben: Ein Leben ohne Musik ist möglich. Aber gerade in Leipzig weiß jeder, was für einen Reichtum die Musik ins Leben zu bringen vermag. Auch im Hinblick auf den Glauben gilt: Es ist
zwar möglich, ohne Glauben zu leben, aber erst der Geist Gottes macht
das menschliche Leben reich: Indem er das Erstarrte und Verhärtete
aufbricht, vertieft er das Leben und führt es über sich selbst hinaus.

Ich kenne eigentlich keinen Menschen, der sich nicht nach
Erneuerung und Verjüngung, nach Erfrischung und nach neuer
Kraft sehnte. Das Pfingstfest, die Feier des Kommens des Geistes
Gottes, erinnert uns daran: Eine Erneuerung unseres Lebens ist mög-
lich. Nichts muss so bleiben, wie es ist.

Schon häufig habe ich mich darüber geärgert, ausgerechnet von
nahen Verwandten und engen Freunden auf ein bestimmtes Denken und Verhalten festgenagelt zu werden. Genauso ärgerlich finde
ich, wenn es im Kollegenkreis heißt: Der Zimmerling, das ist doch
der Spiritualitäts- und Mystik-Freak! Oder: Der Zimmerling gehört

doch zum theologisch konservativen Lager! Das Wirken des Geistes Gottes führt über solche Festschreibungen hinaus. Der Geist Gottes steht für Veränderung! Die Schriftstellerin Richarda Huch meinte: »Alles Menschliche will Dauer, Gott will Verwandlung.« Der Heilige Geist ist eine Kraft, die unsere Selbst- und Fremdfestlegungen durcheinanderbringt und uns über sie hinausführt.

Das Pfingstfest, der Geburtstag der Kirche, erinnert uns daran, wie dringend jeder von uns die Erneuerung durch den Geist Gottes braucht. Aber auch unsere Kirche, ja die Gesellschaft insgesamt bedürfen dieser Erneuerung. Aufgrund von permanenten Strukturreformen, die allesamt nichts anderes sind als Antwortversuche auf immer weniger Kirchenmitglieder und kleiner werdende personelle und finanzielle Ressourcen, ist eine solche Erneuerung unerlässlich. Weltfremd und unrealistisch, wer nicht erkennen würde, dass diese Erneuerung angesichts der wachsenden Zahl und zunehmenden öffentlichen Präsenz muslimischer Glaubender in Deutschland überlebensnotwendig ist. Zehn Mitbürger, die ihren muslimischen Glauben leben, zählen unendlich mehr als 1000 Kirchensteuer zahlende evangelische Kirchenmitglieder, die keine Ahnung und letztlich auch kein Interesse am gelebten christlichen Glauben haben. Nur der Geist Gottes wird die müde gewordene deutsche Christenheit wieder zum missionarisch ansteckenden Zeugnis befähigen. In meinen Augen sind kirchliche Verlautbarungen, die das christliche Zeugnis gegenüber Muslimen untersagen wollen, ein geradezu alarmierendes Zeichen für die geistliche Schwäche der evangelischen Kirche. Gleichzeitig sollte klar sein, dass Mission nicht mit Intoleranz und Indoktrination verwechselt werden darf. Weil Gottes Sohn wehrlos am Kreuz gestorben ist, kann missionarische Verkündigung nicht anders als im Raum der Freiwilligkeit erfolgen. Die Art und Weise, wie der christliche Glaube bezeugt wird, muss in Zukunft vielleicht noch klarer als bisher dem Inhalt des Glaubens entsprechen! So wie Jesus Christus Gewaltverzicht geübt hat und freiwillig am Kreuz sein Leben für uns hingab, muss auch das Zeugnis von ihm im Modus des Machtverzichts erfolgen. Glaube entsteht nur in einem Raum der Freiheit. Dennoch ist und bleibt es die wichtigste Aufgabe eines jeden Christen, andere Menschen zum Glauben an den gekreuzigten und auferstandenen Jesus Christus einzuladen. Daran kann kein

Zweifel bestehen: Der Geist Gottes will uns dazu in Bewegung setzen und befähigen.

Auch wenn ich an die Diskussion über das Kreuz in bayerischen
Amtsstuben während der vergangenen Wochen denke, wird mir im
Hinblick auf die Zukunft des Christentums in unserem Land bange
ums Herz. Ich spreche hier nicht darüber, ob die Entscheidung der
Bayerischen Staatsregierung politisch geschickt war oder ob sie
im Hinblick auf die bevorstehende Landtagswahl getroffen wurde,
um AfD-Wähler für die CSU zurückzugewinnen. Es geht mir auch
nicht um die Diskussion darüber, was es heißt, dass das Kreuz in
der Begründung für die Anordnung lediglich als kulturelles Symbol gedeutet wurde. Als Christen wissen wir: Das Kreuz spricht für
sich! Der Geist Gottes vermag das Kreuz – aller unreinen Motive
zum Trotz, die mit seiner Präsenz in Amtsstuben verbunden sein
mögen – mit seiner eigenen Botschaft zum Sprechen zu bringen.
Dass es Zeichen für die Verlorenheit jedes Menschen, aber auch
Zeichen für Gottes Freundlichkeit gegenüber jedem Menschen ist.
Dass Gottes Liebe bis in die Abgründe von Folter, Sterben und Tod
hinabreicht. In politischer Hinsicht bleibt das Kreuz allemal ein
Warnzeichen vor staatlichen Totalitätsansprüchen. Von den athe-
istischen Diktaturen des vergangenen Jahrhunderts ist es genau
so verstanden worden. Darum bestand ihre erste Amtshandlung
immer darin, das Kreuz aus dem öffentlichen Raum zu entfernen:
Nach der russischen Oktoberrevolution wurde es sogar von allen
Kirchtürmen heruntergeschlagen. Auch der Kampf der Nazis galt
dem Kreuz, das sie als Zeichen der Feigheit und Unterwürfigkeit
interpretierten. Das Kreuz bewahrt den Staat vor der Versuchung,
sich totalitär des Menschen zu bemächtigen. Das Kreuz erinnert
alle, die im Dienst des Staates stehen, an ihre Verantwortung, für
menschliche Würde und Freiheit einzutreten. Am Kreuz hängt der
Grund unserer Menschenrechte.

3.

In der Bach-Kantate werden zwei Mittel genannt, die der Geist Gottes
auf dem Weg zu Verwandlung und Erneuerung des altgewordenen
Lebens gebraucht: »Der unsere Seele speist und unsern Gang durch
Wort und Geist zum rechten Wege wendet.« Wort und Abendmahl

sind die beiden unverzichtbaren Mittel, um den einzelnen Christen und die christliche Gemeinde insgesamt zu erneuern.

Gottes Geist bringt es fertig, zwei- oder gar dreitausend Jahre alte Worte der Bibel zu lebendigen Worten zu machen. Menschen fühlen sich plötzlich durch ein Bibelwort unmittelbar von Gott angesprochen: »Der Herr ist mein Hirte, mir wird nichts mangeln.« »Er führet mich auf rechter Straße um seines Namens willen.« »Und ob ich schon wanderte im finstern Tal, fürchte ich kein Unglück. Denn du bist bei mir, dein Stecken und Stab trösten mich« (Ps 23). Ohne den Heiligen Geist bleiben die Worte der Bibel tote Buchstaben – bestenfalls historisch interessante Aussagen. Durch den Geist Gottes aber werden sie zu lebendigen, Herz und Verstand ergreifenden Worten. Der Apostel Paulus hat recht: »Der Buchstabe tötet, der Geist aber macht lebendig« (2Kor 3,6).

Eine Möglichkeit, zu lernen, Gottes Stimme durch das Wort der Bibel hören, stellt der Gottesdienst dar. Der Gottesdienst ist der Raum, in dem Menschen sich gemeinsam darauf besinnen, wie Gottes Wille für ihr Leben aussieht und was Gott ihnen zum Erhalt und Gelingen ihres Lebens gibt. Auch im Alltag, zu Hause, hat jeder von uns für sich persönlich die Möglichkeit, auf Gott zu hören. Einige Augenblicke der Stille und Besinnung am Morgen oder am Abend – z. B. im Anschluss an das Lesen der Herrnhuter Losungen oder eines Psalms oder eines Liedes aus dem Gesangbuch – genügen schon. Wer sich regelmäßig auf das Wagnis der Stille und des Hörens auf Gottes Wort einlässt, wird ungeahnte Entdeckungen machen: Er wird erleben, dass der Geist Gottes ihn zur Besinnung bringt und dadurch sich selbst und seinen Nächsten finden lässt!

Das zweite herausragende Mittel, das der Geist Gottes gebraucht, um Mensch zu verwandeln, ist das Abendmahl, das wir heute noch miteinander feiern wollen. In der Kantate wird es als Seelenspeise besungen. Es war ein großer Fehler, dass das Abendmahl in der evangelischen Kirche jahrhundertelang nur drei Mal im Jahr gefeiert wurde. Erst die liturgischen Erneuerungsbewegungen des vergangenen Jahrhunderts haben hier zu einem Umdenken geführt. Doch ohne den Geist Gottes bleibt auch das regelmäßig gefeierte Abendmahl lediglich eine fad schmeckende Oblate und ein Schluck gewöhnlicher Wein oder Traubensaft. Erst durch das Wirken des

Heiligen Geistes werden aus der Oblate und aus Wein und Traubensaft Leib und Blut Jesu Christi. Dann und nur dann hat das Abendmahl die Kraft, den Hunger und den Durst unserer Seele zu stillen.

Lassen Sie mich schließen mit einer persönlichen Erfahrung:
Ich erinnere mich noch wie heute an die Feier, als ich das Abendmahl zum ersten Mal als Speise und Trank meiner verdurstenden
Seele empfing. Mitten in der heißen Vorbereitungsphase auf das
Erste Theologische Examen war ich mit den Nerven am Ende. Ich
hatte mir neben dem Lernen viel zu viel anderes vorgenommen und
überdies unrealistisch wenig Zeit für die Examensvorbereitung ein-
geplant. Dazu kamen Beziehungsprobleme, durch die ich mich in
eine Sackgasse manövriert hatte. Ich konnte schlicht nicht mehr.
Damals wohnte ich in einem theologischen Studienhaus. Alle vier-
zehn Tage fand ein Abendmahlsgottesdienst für die Hausgemein-
schaft statt. Während ich an diesem Abend Brot und Wein empfing,
erlebte ich gleichermaßen eine physische und psychische Stärkung.
Ich hatte das Gefühl, dass mir in diesem Moment die nötigen Kräfte
zum Lernen zuflossen. In mir erwachte die Gewissheit, dass ich die
Prüfungen bestehen würde.

Amen.

Trinitatiszeit

Liedpredigt »Meinen Jesus lass ich nicht«[38]

Peter Zimmerling

Liebe Universitätsgemeinde, liebe Gäste des diesjährigen Bachfestes in Leipzig!

Meine Predigt hat heute einen etwas anderen Charakter als sonst üblich. Aufgrund des Bachfestes möchte ich über das Lied »Meinen Jesus lass ich nicht« sprechen, das der Universitätschor gerade als Choralkantate von Max Reger gesungen hat.

1. Ein Liebeslied für Jesus Christus

Das Lied stammt von Christian Keimann, der um die Mitte des 17. Jh. Rektor des Gymnasiums von Zittau in der Oberlausitz war. Der bedeutende Pädagoge schrieb es wenige Jahre vor seinem Tod. »Meinen Jesus lass ich nicht« ist ein Liebeslied. Ein Liebeslied für Jesus Christus – voller Glut und Leidenschaft. Liebeslieder für Gott sind auch viele andere Lieder im Evangelischen Gesangbuch. Darum sind sie so beliebt und haben den christlichen Glauben vielen Generationen ins Herz gesungen. Durch die Kantaten Johann Sebastian Bachs sind sie mittlerweile weltweit bekannt geworden. Die Lieder übersetzen schwierige theologische Sachverhalte in die Sprache der Liebe. Die wissenschaftliche Sprache, auch die der wissenschaftlichen Theologie, ist abstrakte Sprache, die dem menschlichen Gemüt fremd bleibt. Die Sprache der Gesangbuchlieder dagegen hilft, geistliche Dinge zu verstehen, ohne ihnen ihr Geheimnis zu nehmen.

---

38 EG 402, Nikolaikirche zu Leipzig zum Leipziger Bachfest, am 19.06.2016.

Die Gemeinde singt V 1.

1) Meinen Jesus lass ich nicht,
   weil er sich für mich gegeben,
   so erfordert meine Pflicht,
   unverrückt für ihn zu leben.
   Er ist meines Lebens Licht;
   meinen Jesus lass ich nicht.

2. Der Glaube ist nicht mit Temperierung der Leidenschaft zu verwechseln

Der Glaube an Jesus Christus ist mit einer Freundschaft vergleichbar.
Wie ein Freund seinem Freunde will Gott seinen Menschen nahe
sein. »Denn darin liegt ein großes Übel, dass der Mensch sich Gott
in die Ferne rückt; ob nämlich der Mensch in der Ferne oder in der
Nähe wandelt, Gott geht nimmer in der Ferne, er bleibt ständig in der
Nähe, und kann er nicht drinnen bleiben, so entfernt er sich doch
nicht weiter, als bis vor die Tür« – so der mittelalterliche Mystiker
Meister Eckhart. Grund für Gottes Nähe ist seine Menschwerdung in
Jesus Christus. Im Kind in der Krippe von Bethlehem lässt Gott sich
vom Menschen berühren. Das Jesuskind ist der klarste Spiegel der
väterlichen Liebe Gottes. Die Freude über Gottes in Jesus Christus
erschienene Liebe wirft einen Glanz der Dankbarkeit über den Glauben, alles Ängstliche verschwindet. Die Beziehung zwischen Mensch
und Gott ist nicht länger von Fremdheit und Furcht bestimmt, sondern wird von Wärme und Liebe durchdrungen.

Der christliche Glaube darf daher nicht mit einer Temperierung
der Leidenschaften verwechselt werden. Glutvolle Gottes- und glutvolle Menschenliebe stehen sich nicht feindlich gegenüber. Vielmehr
bereichern, ja bedingen sie sich gegenseitig. Nicht nur die Liebe Gottes hat Einfluss auf die irdische Liebe, sondern umgekehrt wirkt sich
auch die irdische Liebe auf die Liebe zu Gott aus. Das zu erkennen,
ist gerade heute von großer Wichtigkeit. Einerseits gilt: Gottesliebe
befähigt zur Menschenliebe – wenn es gutgeht. Mutter Teresa von Kal-
kutta ist dafür ein weltberühmtes Beispiel aus der jüngeren Vergangenheit. Intimität mit Gott befähigt zu angstfreier Begegnung mit anderen
Menschen. Ebenso gilt das Umgekehrte: Je offener ich einem andern

Menschen begegnen kann, desto vorbehaltloser und tiefer wird auch meine Begegnung mit Gott sein. Ohne gelungene Beziehungen zu anderen Menschen erfahren zu haben, ist eine vertrauensvolle, ja eine liebevolle Beziehung zu Gott im Glauben kaum möglich.

Um mich auf Gottes Nähe angstfrei einlassen zu können und zu einem tiefen Vertrauen zu Gott zu finden, muss ich die Projektionen meines Elternbildes auf Gott loslassen. Gott ist weder ein himmlischer Über-Vater noch eine himmlische Über-Mutter! Das gelingt gewöhnlich nur, wenn mir andere Menschen die Liebe Jesu Christi glaubwürdig vorleben. Der Glaube braucht menschliche Veranschaulichungs-Instanzen der Güte Gottes.

Die Gemeinde singt V 2.

> 2) Jesus lass ich nimmer nicht
>   hier in diesem Erdenleben;
>   ihm hab ich voll Zuversicht,
>   was ich bin und hab, ergeben.
>   Alles ist auf ihn gericht';
>   meinen Jesus lass ich nicht.

3. Versöhnt leben

Christen leben in der Gewissheit, es zu jeder Zeit und überall mit Jesus Christus zu tun zu haben – was auch immer ihnen widerfährt. Der Glaube an Jesus besitzt ein Gefälle zum Alltag hin, er ist alltagsverträglich. Markenzeichen des evangelischen Glaubens ist die Begeisterung für das Alltägliche. Das zu erkennen, macht es möglich, auch Schwierigkeiten im Leben zu akzeptieren und mit ihnen schöpferisch umgehen zu lernen. Weil Jesus Christus für mich gelitten hat und gestorben ist, kann ich gewiss sein, dass Gott mir selbst an den Tiefpunkten meines Lebens, auch in meinem Versagen und in meiner Schuld, nicht fern, sondern im Gegenteil nahe ist. Nöte und Probleme sind sogar der bevorzugte Ort, Erfahrungen mit Gott zu machen. Gerade durch die Fenster des dunklen, des schwachen und brüchigen Glaubens lässt Gott sich sehen.

Jeder Mensch, auch jeder Christ, bleibt bis ans Ende seines Lebens zugleich Sünder und Gerechter – wie Martin Luther sagt: Er

bleibt simul peccator et iustus. Täglich meine Schuld und mein
Versagen zu bekennen und Vergebung zu erfahren, sind genauso
lebensnotwendig wie das tägliche Essen und das tägliche Waschen.
Aus diesem Grund beten wir im Vaterunser: »Unser tägliches Brot
gib uns heute und vergib uns unsere Schuld.« Es ist das Kennzeichen eines reifen Glaubens, zu seiner Schuld zu stehen und sie nicht
zu verdrängen oder kleinzureden. Das ist keine niederdrückende,
kleinmachende Erfahrung – wie es vielleicht auf den ersten Blick
erscheinen könnte. Im Gegenteil: Wenn es stimmt, dass es zum
Menschsein gehört, zu versagen und schuldig zu werden, bedeutet
es eine Entlastung, wenn ich diese Tatsache nicht länger zu leug-
nen brauche. Dann habe ich nämlich die Chance, mich mit meinem Menschsein zu versöhnen, wenn ich mein Versagen bekenne
und Vergebung empfange.

Die Gemeinde singt V 5.

> 5) Nicht nach Welt, nach Himmel nicht
>   meine Seel sich wünscht und sehnet,
>   Jesus wünscht sie und sein Licht,
>   der mich hat mit Gott versöhnet,
>   mich befreit vom Gericht;
>   meinen Jesus lass ich nicht.

4. Der Glaube an Jesus Christus weitet den Horizont

Das Leben in den westlichen Gesellschaften ist geschrumpft auf
die irdische Lebenszeit. Trotz Langlebigkeit ist unsere Lebens-
erwartung klein geworden. Sie beginnt mit der Geburt und endet
mit dem Tod. Die Christenheit Europas hat weithin die Hoffnung
auf den Himmel verloren. Zu einem lebendigen Glauben an Jesus
Christus gehört jedoch die Hoffnung auf die Ewigkeit. Mit dem
Blick auf den Himmel vermag ich trotz eines erzwungenen Ver-
zichts getröstet weiterzuleben. Die Hoffnung auf die Vollendung
des persönlichen Lebens bei Gott relativiert zerplatzte Träume.
Auch wenn mein Leben bloß aus Bruchstücken zu bestehen scheint,
kann ich darauf vertrauen, dass Gott etwas Ganzes daraus machen wird. Ein Leben unter dem offenen Himmel Gottes verleiht

Gelassenheit und macht barmherzig mir selbst und meinen Mitmenschen gegenüber.

Wir werden später gemeinsam das Abendmahl feiern. Es erinnert in besonderer Weise an die endgültige Überwindung der irdischen Nöte, der Sorgen und Krankheiten in der neuen Welt Gottes. Die orthodoxe Kirche nennt das Abendmahl Medizin der Unsterblichkeit. Jeder, der Leib und Blut Jesu Christi zu sich nimmt, erhält Teil an seinem ewigen göttlichen Leben. Er bekommt Anteil an den Kräften der unsichtbaren Welt. Das Abendmahl ist für die, die Jesus Christus nachfolgen, ein unverzichtbares Lebensmittel. In den Belastungen des Alltags vermittelt es Kraft und eröffnet Horizonte der Hoffnung – vor allem für diejenigen, die resigniert sind oder vor lauter Problemen nicht mehr weiter wissen. Das Abendmahl versöhnt mit Gott, dadurch, dass Jesus Christus jeden, so wie er ist, – als wirklichen Sünder – an seinen Tisch einlädt. Es ist sichtbares Evangelium. Was hier geschieht, lässt sich mithilfe der Tischgemeinschaft unter Menschen veranschaulichen: Das gemeinsame Essen und Trinken verbindet stärker als das bloße Miteinander-Reden. Wer in Brot und Wein Leib und Blut Jesu Christi zu sich nimmt, kommt in eine tiefere Verbindung mit ihm als allein durch das Hören des Evangeliums. Die Feiernden erfahren, dass sie nicht allein sind, sondern mit anderen zusammen den Weg der Nachfolge gehen.

Die Gemeinde singt V 6.

6) Jesus lass ich nicht von mir,
    geh ihm ewig an der Seiten;
    Christus lässt mich für und für
    zu dem Lebensbächlein leiten.
    Selig, wer mit mir so spricht:
    Meinen Jesus lass ich nicht.

Amen.

Liedpredigt »Befiehl du deine Wege«[39]

Peter Zimmerling

Liebe Gemeinde,

die Reformation war eine Singbewegung und Martin Luther ihr Vorsänger. Sie trat ihren Siegeszug durch Deutschland und Europa nicht zuletzt aufgrund ihrer neuen Lieder an. In Heidelberg sangen die Menschen im Messgottesdienst das Lied »Es ist das Heil uns kommen her« und zwangen damit den Kurfürsten, die Reformation einzuführen. Die Choräle waren das Markenzeichen der jungen evangelischen Kirche! In ihnen fand der neue Glaube eine Ausdrucksform, die Jung und Alt unmittelbar ansprach. Fortan prägte den Protestantismus eine spezifische Liedfrömmigkeit.

Dass evangelische Spiritualität in hohem Maße Gesangbuchfrömmigkeit ist, verdanken wir neben Martin Luther vor allem Paul Gerhardt. Mittlerweile haben die Lieder Paul Gerhardts die des Reformators an Volkstümlichkeit sogar übertroffen. Vor wenigen Jahren haben wir mit dem 400. Geburtstag des Dichters die einzigartige Erfolgsgeschichte seiner Lieder gefeiert.

Trotzdem müssen wir uns zwei Problemen stellen. Regelmäßig frage ich im homiletischen Seminar: »Wer kann etwas mit reformatorischen Chorälen anfangen?« Fast immer melden sich nur wenige – und das sind meist diejenigen Studierenden mit einer kirchenmusikalischen Ausbildung. Seit einigen Jahrzehnten ist ein Traditionsabbruch in vollem Gange. Meine Mutter – sie würde heutzutage als Kirchendistanzierte gelten – brachte mir in meiner Kindheit noch »Befiehl du deine Wege«, »Lobe den Herren, den mächtigen König der Ehren« und »Der Mond ist aufgegangen« bei. Heute werden Paul Gerhardts Lieder kaum noch an die kommende Generation weitergegeben. Alltagssprache und Musikgeschmack haben sich weit von der Sprachgestalt und Melodie der Gerhardt-Lieder entfernt.

Dazu kommt ein zweites Problem: Viele Menschen sind heute nicht mehr selbst musikalisch aktiv. Statt zu singen, lassen sie sin-

---

39 EG 361, Nikolaikirche zu Leipzig, am 01.07.2020.

gen. (Glücklicherweise bilden Theologiestudierende aus Sachsen eine Ausnahme!) Zu Paul Gerhardts Lebzeiten war das anders. Man macht sich von der damaligen Verbreitung des Liedersingens kaum noch einen Begriff. Da es kein Radio gab, musste man selbst singen, wenn man Musik haben wollte. Die Lieder Paul Gerhardts sind ein Stück Gebrauchslyrik. Sie entfalten ihre belebende Dynamik erst dann, wenn sie regelmäßig gesungen und gebetet werden.

Bei näherem Hinsehen entpuppt das Lied sich schnell als ein gesungenes Seelsorgegespräch. Die zwölf Strophen des Seelsorgegesangs sind eine Einladung. Sie ermutigen dazu, Gott zu vertrauen, dass er einen guten Weg für jeden Menschen bereithält. Auch für denjenigen, der sich wie in einer Sackgasse vorkommt, gilt: Gott kennt einen Ausweg. Paul Gerhardt weiß, dass ein von Kummer, Schmerz und Not gequälter Mensch Zeit braucht, damit das Vertrauen zu Gott und zum Leben wieder wachsen kann. Das Lied lädt jeden Verzweifelten auf einen Weg des Vertrauens ein.

Die Gemeinde singt V 1 + 2.

1) Befiehl du deine Wege
   und was dein Herze kränkt
   der allertreusten Pflege
   des, der den Himmel lenkt.
   Der Wolken, Luft und Winden
   gibt Wege, Lauf und Bahn,
   der wird auch Wege finden,
   da dein Fuß gehen kann.

2) Dem Herren musst du trauen,
   wenn dir's soll wohlergehn;
   auf sein Werk musst du schauen,
   wenn dein Werk soll bestehn.
   Mit Sorgen und mit Grämen
   und mit selbsteigner Pein
   lässt Gott sich gar nichts nehmen,
   es muss erbeten sein.

1. Strophe 1 + 2

Die beiden ersten Strophen lassen den cantus firmus erklingen, die beherrschende Melodie, auf die das ganze Lied gestimmt ist: Weil Gott der Lenker der Welt ist, kann und soll der Mensch ihm sein Schicksal anvertrauen! Paul Gerhardt spricht den Mutlosen und Verzweifelten unmittelbar an. »Befiehl du deine Wege / und was dein Herze kränkt / der allertreusten Pflege / des, der den Himmel lenkt. / Der Wolken, Luft und Winden / gibt Wege, Lauf und Bahn, / der wird auch Wege finden, / da dein Fuß gehen kann« (Strophe 1). Wenn Gott sogar Wolken, Luft und Winden die Bahn bestimmt, um wie viel leichter wird es ihm fallen, auch für den Menschen einen gangbaren Weg zu finden.

In der zweiten Strophe wird es praktisch. Wenn die eigene Anstrengung nicht aus der Not herauszuführen vermag, macht es keinen Sinn, sich weiter abzuquälen und in die eigenen Sorgen hineinzubohren. Dann hilft nichts anderes, als zu beten und zu hoffen, dass Gott selbst eingreifen und das Schicksal zum Guten wenden wird. »Dem Herren musst du trauen, / wenn dir's soll wohlergehn; / auf sein Werk musst du schauen, / wenn dein Werk soll bestehn. / Mit Sorgen und mit Grämen / und mit selbsteigner Pein / lässt Gott sich gar nichts nehmen, / es muss erbeten sein« (Strophe 2).

Die Gemeinde singt V 3–5.

3) Dein ewge Treu und Gnade,
   o Vater, weiß und sieht,
   was gut sei oder schade
   dem sterblichen Geblüt;
   und was du dann erlesen,
   das treibst du, starker Held,
   und bringst zum Stand und Wesen,
   was deinem Rat gefällt.

4) Weg hast du allerwegen,
   an Mitteln fehlt dir's nicht;
   dein Tun ist lauter Segen,
   dein Gang ist lauter Licht.

Dein Werk kann niemand hindern,
dein Arbeit darf nicht ruhn,
wenn du, was deinen Kindern
ersprießlich ist, willst tun.

5) Und ob gleich alle Teufel
hier wollten widerstehn,
so wird doch ohne Zweifel
Gott nicht zurücke gehn;
was er sich vorgenommen
und was er haben will,
das muss doch endlich kommen
zu seinem Zweck und Ziel.

2. Strophe 3–5

In den gerade gesungenen Strophen richtet Paul Gerhardt den
Blick ganz auf Gott. Der geplagte Mensch darf einfach nur zuhören.
Keine Appelle an seinen Glauben! Dafür wird ihm Gottes wunderbares Handeln vor Augen gemalt: »Dein ewge Treu und Gnade,
o Vater, weiß und sieht, was gut sei oder schade, dem sterblichen
Geblüt …« »Weg hast du allerwegen, an Mitteln fehlt dir's nicht;
dein Tun ist lauter Segen, dein Gang ist lauter Licht …« »Und
ob gleich alle Teufel hier wollten widerstehn, so wird doch ohne
Zweifel Gott nicht zurücke gehn …« Was für ein herrlicher Gott,
möchte man ausrufen! Hier wird ein Gott beschrieben, der den
Menschen gern hat, der ihn liebt und der für ihn sorgt. Gleichzeitig
hat Gott Macht, alle lebenszerstörenden Gewalten in die Schran-
ken zu weisen.

Hinter diesen Strophen verbirgt sich die orthodoxe Lehre von der
providentia dei, der Vorsehung Gottes. Paul Gerhardts Dichtung ist
gesättigt mit lutherischer Dogmatik. Er besitzt dabei die Fähigkeit,
schwierige theologische Sachverhalte in einfacher Sprache, häufig
mit Hilfe von Bildern, verständlich zu machen. Der Dichter will
nicht rational erklären. Vielmehr lädt er ein, sich durch das Singen
theologische Erkenntnisse existenziell anzueignen.

Die Gemeinde singt V 6–8.

6) Hoff, o du arme Seele,
   hoff und sei unverzagt!
   Gott wird dich aus der Höhle,
   da dich der Kummer plagt,
   mit großen Gnaden rücken;
   erwarte nur die Zeit,
   so wirst du schon erblicken
   die Sonn der schönsten Freud.

7) Auf, auf, gib deinem Schmerze
   und Sorgen gute Nacht!
   Lass fahren, was das Herze
   betrübt und traurig macht;
   bist du doch nicht Regente,
   der alles führen soll:
   Gott sitzt im Regimente
   und führet alles wohl.

8) Ihn, ihn lass tun und walten,
   er ist ein weiser Fürst
   und wird sich so verhalten,
   dass du dich wundern wirst,
   wenn er, wie ihm gebühret,
   mit wunderbarem Rat
   das Werk hinausgeführet,
   das dich bekümmert hat.

3. Strophe 6–8

Nachdem Paul Gerhardt Gottes wunderbares Handeln beschrieben und damit das theologische Fundament der Seelsorge gelegt hat, wird der Mutlose und Verzweifelte in den folgenden Strophen 6–8 wieder unmittelbar angesprochen. Man bekommt den Eindruck, dass Paul Gerhardt ihm neue Hoffnung regelrecht einflößen möchte: »Hoff, o du arme Seele, hoff und sei unverzagt! Gott wird dich aus der Höhle, / da dich der Kummer plagt, / mit großen Gnaden rücken ...« »Auf,

auf, gib deinem Schmerze / und Sorgen gute Nacht, / lass fahren, was
das Herze / betrübt und traurig macht …« Paul Gerhardt beschönigt
nichts: Kummer, Schmerz und Sorge gehören unausweichlich zum
menschlichen Leben dazu. Keiner kann sie auf Dauer vermeiden. Aber
gerade angesichts von Kummer, Schmerz und Sorge lautet die Botschaft des Dichters: Durch die Not hindurch können Hoffnung und
Zuversicht wieder Raum gewinnen. »In Einsamkeit mein Sprachgesell«
hat Paul Gerhardt seine Lieder einmal genannt. Indem Kummer,
Schmerz und Sorge eine Sprache finden, werden sie ans Licht geholt.
Damit verschwinden sie zwar nicht, aber jeder, der diese Strophen
singt, kann lernen, mit negativen Erfahrungen umzugehen. Und das
ist noch nicht alles: Gerhardt bleibt nicht bei der bloßen Beschreibung
der negativen Erfahrungen stehen. Er bringt die Angst, den Schmerz
und die Sorge in ein Gespräch, und zwar in das Gespräch mit Gott.
Dadurch vermag der Dichter in der Angst ein Fenster in die Freiheit
zu öffnen und bietet die Möglichkeit, Gegenerfahrungen zu machen.
     Paul Gerhardts Gott ist ein menschenfreundlicher Gott. Diese
Erfahrung hat ihm den Mund geöffnet und ihn zum Dichter werden lassen. Deshalb sind seine Lieder vom Grundton der Zuversicht
und der Hoffnung getragen. Dieser lebensbejahende Klang zeichnet
auch das Lied »Befiehl du deine Wege« aus.

Eine Solostimme singt V 9 + 10.

9) Er wird zwar eine Weile
   mit seinem Trost verziehn
   und tun an seinem Teile,
   als hätt in seinem Sinn
   er deiner sich begeben
   und sollt'st du für und für
   in Angst und Nöten schweben,
   als frag er nicht nach dir.

10) Wird's aber sich befinden,
    dass du ihm treu verbleibst,
    so wird er dich entbinden,
    da du's am mindsten glaubst;

er wird dein Herze lösen
von der so schweren Last,
die du zu keinem Bösen
bisher getragen hast.

4. Strophe 9 + 10

Noch ist der Seelsorgegesang nicht zu Ende! In den Strophen 9 und
10 begleitet Paul Gerhardt den Menschen bis in die Abgründe der
Verzweiflung hinein. Er hält mit ihm die bitterste Erfahrung aus, die
ein Christ machen kann: Dass er zu dem Schluss kommt, von Gott
verlassen und vergessen zu sein. Gerhardt ermutigt ihn: Gerade jetzt
gilt es, gegen Gott zu Gott zu fliehen; auch wenn Gott sich scheinbar
gegen mich stellt, gilt es, dennoch an der Hoffnung festzuhalten und
nicht zu verzweifeln. »Er wird zwar eine Weile / mit seinem Trost
verziehn … als frag er nichts nach dir.« »Wird's aber sich befinden, /
dass du ihm treu verbleibst, / so wird er dich entbinden, / da du's am
mindsten glaubst …« Mancher wird zweifeln, ob die Worte halten,
was sie versprechen. Aber bis zum heutigen Tag sind sie für viele
eine Brücke über den Abgrund tiefster Verzweiflung und schwers-
ter Krankheit geworden.

Theodor Fontane hat unser Lied in seinen »Wanderungen durch
die Mark Brandenburg« »das große deutsche Tröstelied« genannt.
Auch wenn seine Ausführungen ein wenig auf Kosten Leipzigs
gehen, möchte ich sie doch hier vortragen: »Tausende wallfahrten
nach Gohlis, um das Haus zu sehen, darin Schiller das Lied ›An die
Freude‹ dichtete. Mittenwalde besucht niemand, und doch war es
in seinem Propsteigarten, dass ein anderes, größeres Lied an die
Freude gedichtet wurde, das große deutsche Tröstelied ›Befiehl du
deine Wege.‹« Tatsächlich zählt das Lied zu den großen Tröstern
der Menschheit.

Häufig wird Trost mit sentimentaler Vertröstung verwechselt.
Etymologisch besitzt das Wort »Trost« jedoch den gleichen Wort-
stamm wie »Kernholz«, bedeutet also »Festigkeit«. Trösten meint von
daher, einem anderen Menschen Mut und Gewissheit zusprechen.
Das hohe Trostpotenzial des Liedes hat seine Ursache darin, dass
es aus dem eigenen Trostbedürfnis des Dichters erwachsen ist. Er
schrieb es zur eigenen Vergewisserung und Ermutigung angesichts

zahlreicher Bedrängnisse von innen und außen. Das macht sie so
glaubwürdig.

Die Gemeinde singt V 11 + 12.

11) Wohl dir, du Kind der Treue,
    du hast und trägst davon
    mit Ruhm und Dankgeschreie
    den Sieg und Ehrenkron;
    Gott gibt dir selbst die Palmen
    in deine rechte Hand,
    und du singst Freudenpsalmen
    dem, der dein Leid gewandt.

12) Mach End, o Herr, mach Ende
    mit aller unsrer Not;
    stärk unsre Füß und Hände
    und lass bis in den Tod
    uns allzeit deiner Pflege
    und Treu empfohlen sein,
    so gehen unsre Wege
    gewiss zum Himmel ein.

5. Strophe 11 + 12

Am Ende des Seelsorgegesangs steht wie in den biblischen Psalmen
das Lob Gottes, das aufatmen und neuen Lebensmut gewinnen lässt.
Bemerkenswert ist dabei ein Doppeltes: In Strophe 11 wird dem aus
Kummer, Schmerz und Sorge Befreiten ein letztes Mal vom dichtenden Seelsorger Gutes zugesprochen. In Strophe 12 aber ergreift er
zum ersten Mal selbst das Wort, um sich im Gebet an Gott zu wenden. 11 Strophen lang hat der Dichter also dem Verzweifelten Zeit
gelassen, Gott wieder vertrauen zu lernen!

    In beiden letzten Strophen thematisiert Paul Gerhardt den Him-
mel als das Ziel des menschlichen Lebens, das alles andere über-
strahlt. Auffällig ist, dass er dabei in keiner Weise auf das Jenseits
vertröstet. Vielmehr zielt seine Seelsorge auf das irdische Leben –
allerdings gelebt unter dem geöffneten Himmel Gottes. Schon jetzt

lässt sich unter dem geöffneten Himmel erfahren, dass Gott das
Leid wendet – Kummer, Schmerz und Sorge überwunden sind. Und
doch bleiben bis zum Tod, bis zum Eingang in den Himmel, solche
Erfahrungen nur bruchstückhaft und vorläufig.

»Befiehl du deine Wege« steht in der Paul Gerhardt-Hitparade
weit oben. Kein anderes seiner Lieder lässt sich so leicht auswendig
lernen. Nicht nur, dass Strophenform und Versmaß einfach sind;
die Strophenfolge lässt sich leicht behalten, weil deren Anfänge
ein Akrostichon bilden. Liest man sie nacheinander, ergeben die
Anfangsworte der Strophen Psalm 37, Vers 5: »Befiehl dem Herrn
deine Wege und hoffe auf ihn; er wird's wohlmachen.« Ich wünsche
Ihnen viel Freude beim Auswendiglernen dieses einzigartigen Seelsorgegesangs!

Amen.

Liedpredigt »Geh aus, mein Herz«[40]

Peter Zimmerling

Die Gemeinde singt V 1–3.

1) Geh aus, mein Herz, und suche Freud
     in dieser lieben Sommerzeit
     an deines Gottes Gaben;
     schau an der schönen Gärten Zier
     und siehe, wie sie mir und dir
     sich ausgeschmücket haben,
     sich ausgeschmücket haben.

2) Die Bäume stehen voller Laub,
     das Erdreich decket seinen Staub
     mit einem grünen Kleide;
     Narzissus und die Tulipan,
     die ziehen sich viel schöner an

---

40 EG 503, Universitätskirche St. Pauli zu Leipzig, am 08.07.2018.

als Salomonis Seide,
als Salomonis Seide.

3) Die Lerche schwingt sich in die Luft,
   das Täublein fliegt aus seiner Kluft
   und macht sich in die Wälder;
   die hochbegabte Nachtigall
   ergötzt und füllt mit ihrem Schall
   Berg, Hügel, Tal und Felder,
   Berg, Hügel, Tal und Felder.

Liebe Gemeinde!

1.

Das Lied »Geh aus, mein Herz« (EG 503) ist das volkstümlichste
Lied Paul Gerhardts und eines der bekanntesten Gesangbuchlieder
überhaupt. Obwohl Luther der Erfinder des Gesangbuchliedes war
und neben den Texten häufig auch die Melodien seiner Lieder selbst
geschrieben hat, haben seit einigen Jahren Gerhardts Lieder diejenigen Luthers an Beliebtheit übertroffen. Gerhardt hat als Pfarrer
an der Berliner Nikolaikirche mit zwei der bedeutendsten evangelischen Kantoren überhaupt zusammengearbeitet: Johann Crüger und
Johann Ebeling haben seine Lieder kongenial vertont.

In Ebelings Ausgabe der Lieder Gerhardts von 1666 ist »Geh aus,
mein Herz« mit »Sommer-Gesang« überschrieben, wobei Sommer
damals den Frühling mit einschloss. Das Lied ist eine Nach- und
Umdichtung eines Gebets aus Johann Arndts »Paradiesgärtlein«.
Dass es in der Hitparade der Lieder Gerhardts ganz oben steht, ver-
dankt es neben dem Inhalt seiner bildhaften Kraft und sprachlichen
Schönheit.

Die Gemeinde singt V 4–7.

4) Die Glucke führt ihr Völklein aus,
   der Storch baut und bewohnt sein Haus,
   das Schwälblein speist die Jungen,
   der schnelle Hirsch, das leichte Reh

ist froh und kommt aus seiner Höh
ins tiefe Gras gesprungen,
ins tiefe Gras gesprungen.

5) Die Bächlein rauschen in dem Sand
und malen sich an ihrem Rand
mit schattenreichen Myrten;
die Wiesen liegen hart dabei
und klingen ganz vom Lustgeschrei
der Schaf und ihrer Hirten,
der Schaf und ihrer Hirten.

6) Die unverdrossne Bienenschar
fliegt hin und her, sucht hier und da
ihr edle Honigspeise;
des süßen Weinstocks starker Saft
bringt täglich neue Stärk und Kraft
in seinem schwachen Reise,
in seinem schwachen Reise.

7) Der Weizen wächset mit Gewalt;
darüber jauchzet Jung und Alt
und rühmt die große Güte
des, der so überfließend labt
und mit so manchem Gut begabt
das menschliche Gemüte,
das menschliche Gemüte.

2.

In den ersten sieben Strophen beschreibt Paul Gerhardt die Welt in
ihrer wunderbaren Pracht, der auch der lange Krieg nichts anhaben
konnte. Indem der Dichter sich in die Betrachtung der Werke der
Schöpfung versenkt und sich von ihrer Schönheit bezaubern lässt,
erkennt er, wie wunderbar alles gemacht ist. Gott selbst zeigt sich
im Buch der Natur in seiner ganzen Schönheit.

Die Blumen, »Narzissus und die Tulipan«, aber auch »Täublein«
und »schneller Hirsch« waren zur Zeit Paul Gerhardts aufgrund

der mystischen Auslegungstradition des Hohelieds Symbole für die Liebe zwischen Gott und Mensch. Die Natur in ihrer Schönheit wird zum Transparent für die Liebe Gottes zum Menschen.

Im Bedenken der Schönheit der Welt geht Gerhardt noch etwas anderes auf: Er nimmt plötzlich das Loblied wahr, das die Schöpfung ihrem Schöpfer singt. Joseph von Eichendorff dichtete: »Schläft ein Lied in allen Dingen.« Die Natur in ihrer hohen herrlichen Pracht singt ein unaufhörliches Lied auf Gott, ihren Schöpfer. Unwillkürlich stimmt Paul Gerhardt in seinem Sommergesang in dieses Loblied ein. Anscheinend ist es ihm so ergangen, wie es auch uns von Zeit zu Zeit ergeht: Wenn eine Melodie unser Herz berührt, fangen wir spontan an, in das Gehörte einzustimmen, die Melodie mitzusummen, weil wir gar nicht anders können. »Ich selber kann und mag nicht ruhn, / des großen Gottes großes Tun / erweckt mir alle Sinnen. / Ich singe mit, wenn alles singt, / und lasse, was dem Höchsten klingt, / aus meinem Herzen rinnen.« Gerhardts Loblied fließt aus seinem Herzen, es kommt von ganz tief innen. Der Glaube ist also keine Angelegenheit allein des Verstandes! Vielmehr will er alle Bereiche unseres Menschseins ergreifen: die Sinne ebenso wie den Verstand, das Gefühl ebenso wie den Geist. Mit seinem Lobgesang reiht sich der Dichter ein in die übrigen Geschöpfe Gottes: die Bäume, die Blumen, die Vögel, das Wild, die Bächlein, die Bienen. Sie alle singen ihr Loblied auf Gott, den Schöpfer.

Die Gemeinde singt V 8–11.

8) Ich selber kann und mag nicht ruhn,
   des großen Gottes großes Tun
   erweckt mir alle Sinnen;
   ich singe mit, wenn alles singt,
   und lasse, was dem Höchsten klingt,
   aus meinem Herzen rinnen,
   aus meinem Herzen rinnen.

9) Ach, denk ich, bist du hier so schön
   und lässt du's uns so lieblich gehn
   auf dieser armen Erden:

Was will doch wohl nach dieser Welt
dort in dem reichen Himmelszelt
und güldnen Schlosse werden,
und güldnen Schlosse werden!

10) Welch hohe Lust, welch heller Schein
wird wohl in Christi Garten sein!
Wie muss es da wohl klingen,
da so viel tausend Seraphim
mit unverdrossnem Mund und Stimm
ihr Halleluja singen,
ihr Halleluja singen.

11) O wär ich da! O stünd ich schon,
ach süßer Gott, vor deinem Thron
und trüge meine Palmen:
So wollt ich nach der Engel Weis
erhöhen deines Namens Preis
mit tausend schönen Psalmen,
mit tausend schönen Psalmen.

3.

Die achte Strophe bildet die Mitte von Paul Gerhardts Sommer-
gesang. Als ob er damit sagen wollte: Erst in dem Augenblick findet der
Mensch zu seiner Bestimmung, wenn er anfängt, den dreieinigen Gott
zu loben. Wenn der Mensch Gott lobt, findet er gleichzeitig zu sich
selber. Es wundert nicht, dass ihn dabei unwillkürlich die Sehnsucht
nach dem Himmel ergreift, dem Ort völliger Gemeinschaft mit Gott:
ungetrübten Friedens und vollkommener Gerechtigkeit. Wohltuend
fällt auf, dass Paul Gerhardt es nicht nötig hat, die Schönheit der Welt
klein zu machen, damit die Schönheit des Himmels besonders groß
herauskommt. Er geht umgekehrt vor: Wenn die vergängliche Welt
schon so schön ist, um wie viel schöner muss dann erst der unvergäng-
liche Himmel sein! »Ach, denk ich, bist du hier so schön / und lässt
du's uns so lieblich gehn / auf dieser armen Erden: / Was will doch
wohl nach dieser Welt / dort in dem reichen Himmelszelt / und güldnen Schlosse werden, / und güldnen Schlosse werden!« (Strophe 9).

Seit der Aufklärung und dem Rationalismus tun wir uns als deutsche Theologen schwer, den Himmel zu beschreiben. Dadurch hat sich im Bewusstsein vieler Europäer ein Vorurteil tief eingeprägt: Der Himmel ist ein schrecklich langweiliger Ort. Die Hölle ist demgegenüber viel interessanter: Da ist wenigstens etwas los. Die Himmelsbewohner aber müssen auf ihrer Wolke sitzen, Manna essen und sich nach einem unerreichbaren kühlen Bier sehnen. Paul Gerhardt dagegen macht Lust auf den Himmel, indem er dessen Seligkeit mit starken Bildern beschreibt: Er vergleicht ihn mit einem lichtdurchfluteten Garten voll herrlicher Pflanzen und Blumen, die betörende Düfte verströmen. Es ist der wiedergefundene Paradiesgarten. Der Dichter spricht ausdrücklich von ihm als dem Garten Christi. Jesus Christus ist der Besitzer des Gartens. Als wollte Gerhardt sagen: Zugang zu diesem Garten haben, die in der Gemeinschaft mit Jesus Christus leben, die an ihn glauben, die ihm im Leben und im Sterben vertrauen.

Der Dichter nennt noch ein weiteres Merkmal des himmlischen Gartens, das ihn endgültig – auch heute noch – für Jung und Alt zum Paradies werden lässt. Es ist ein Garten, der erfüllt ist mit wunderbarer himmlischer Musik. Empirischen Umfragen zufolge hörten Jugendliche schon vor einigen Jahren pro Tag mehr als vier Stunden Musik. Ich vermute, dass es heute angesichts der Digitalisierung noch wesentlich mehr geworden sind. Musik – gerade in der Bach- und Mendelssohnstadt Leipzig wissen wir das – kann ein Stück Himmel auf Erden sein. Wenn in der Offenbarung, dem letzten Buch des Neuen Testaments, der Himmel beschrieben wird, spielt das neue Lied eine wesentliche Rolle. Es ist das Lied der Erlösten, ungetrübt von Leid und Trauer, erfüllt von Freude und Glück.

Die Gemeinde singt V 12–14.

12) Doch gleichwohl will ich, weil ich noch
     hier trage dieses Leibes Joch,
     auch nicht gar stille schweigen;
     mein Herze soll sich fort und fort
     an diesem und an allem Ort
     zu deinem Lobe neigen,
     zu deinem Lobe neigen.

13) Hilf mir und segne meinen Geist
    mit Segen, der vom Himmel fleußt,
    dass ich dir stetig blühe;
    gib, dass der Sommer deiner Gnad
    in meiner Seele früh und spat
    viel Glaubensfrüchte ziehe,
    viel Glaubensfrüchte ziehe.

14) Mach in mir deinem Geiste Raum,
    dass ich dir werd ein guter Baum,
    und lass mich Wurzel treiben.
    Verleihe, dass zu deinem Ruhm
    ich deines Gartens schöne Blum
    und Pflanze möge bleiben,
    und Pflanze möge bleiben.

4.

In den gerade gesungenen Strophen lenkt Paul Gerhardt den Blick
vom Himmel zurück auf die Erde. Als wollte er sagen: Die Aussicht
auf den Himmel gibt die Kraft und den langen Atem, den wir brauchen, um mit beiden Beinen auf der Erde zu stehen. Dietrich Bonhoeffer schrieb aus dem Gefängnis an seine Braut: »Ich fürchte, dass
die Christen, die nur mit einem Bein auf der Erde zu stehen wagen,
auch nur mit einem Bein im Himmel stehen.« Nur wer mit beiden
Beinen auf der Erde steht, wird auch mit beiden Beinen im Himmel gegründet sein! Beides gehört zusammen, beides bedingt sich
gegenseitig. An der Auferstehungshoffnung orientierte Frömmigkeit führt paradoxerweise mitten hinein in das irdische Leben. Das
Bewährungsfeld christlichen Handelns liegt in der Welt! Die christliche Hoffnung auf die Auferstehung ist kein Selbstzweck. Gerade
wenn ich im Horizont der Ewigkeit lebe, kehrt mein Blick doch ständig zur Erde zurück. Kontemplation und Aktion sind der Zweitakt-
motor des Glaubens.

In der Vergangenheit haben Marxisten dem Christentum vor-
geworfen, dass der Glaube den Menschen weltflüchtig mache, wie
Opium wirke, auf den Himmel vertröste und dazu führe, dass Menschen sich mit Unterdrückung und Ungerechtigkeit abfänden. Paul

Gerhardt ist ganz anderer Meinung: Für ihn ist es gerade die Hoffnung auf den Himmel und das Rechnen mit himmlischen Kräften, die das Leben gelingen lassen. Der Dichter veranschaulicht das
Gemeinte wiederum mit ausdrucksstarken Bildern aus der Bibel. Mit
Hilfe von Gottes Geist soll der Mensch bereits in diesem Leben zu
einem guten Baum werden, der fest verwurzelt ist und gute Früchte
bringt. »Die Frucht aber des Geistes ist Liebe, Freude, Friede, Geduld,
Freundlichkeit, Güte, Treue, Sanftmut, Keuschheit« (Gal 5,22 f).

Der Dichter fügt noch zwei weitere Bilder zur Veranschaulichung
hinzu: Der Glaubende soll eine schöne Blume, eine schöne Pflanze
im Garten Gottes sein. Das irdische Leben hat kein anderes Ziel
als das Leben im Himmel: Es geht hier wie dort darum, mit allen
Fasern zur Ehre Gottes zu wirken. »Verleihe, dass zu deinem Ruhm /
ich deines Gartens schöne Blum / und Pflanze möge bleiben, / und
Pflanze möge bleiben.« Indem Gerhardt den Menschen als »schöne
Blume« bezeichnet, besingt er in mystischer Sprache die Hoffnung
auf die Unio mystica, auf die innige Vereinigung des Glaubenden
mit Gott im Himmel wie auf Erden.

Die Gemeinde singt V 15.

15) Erwähle mich zum Paradeis
   und lass mich bis zur letzten Reis
   an Leib und Seele grünen,
   so will ich dir und deiner Ehr
   allein und sonsten keinem mehr
   hier und dort ewig dienen,
   hier und dort ewig dienen.

5.

In der letzten Strophe schlägt Paul Gerhardt den Bogen von der
Erde zurück zum Himmel. Auch darin geht er davon aus, dass Himmel und Erde unmittelbar zusammengehören. Das Leben auf Erden
unterscheidet sich nicht grundsätzlich von dem im Himmel. Im
Himmel wie auf Erden geht es darum, dem süßen Gott zu dienen,
wie es in Strophe 11 heißt. Schon aus dieser Formulierung wird
ersichtlich, dass Gott kein Sklavenaufseher und der Dienst für ihn

nicht mit Sklavenarbeit verwechselt werden darf. Der Dienst für Gott
führt in die Freiheit, entlastet von krankmachenden eigenen und
fremden Ansprüchen. Die Hingabe an Gott führt dazu, dass Leib
und Seele auch im Alter noch grünen. Welch wundervolle Aussicht!
   Amen.

III Die Bedeutung von Lied und Musik für den evangelischen Gottesdienst

Peter Zimmerling

In einem Buch, das Entdeckungshilfe für die Chancen von Lied- und Kantatenpredigten leisten will, erschien es uns unerlässlich, wenigstens skizzenartig die Bedeutung von Lied und Musik für den evangelischen Gottesdienst zu umreißen. Sowohl das Gesangbuchlied als unverzichtbarer Bestandteil des Gottesdienstes als auch die Kirchenmusik in der unzensierten Pluralität ihrer Stilrichtungen stellen Spezifika des Protestantismus, und hier besonders des Luthertums, dar. Ihr heutiger Stellenwert im Gottesdienst (und darüber hinaus in der kirchlichen Arbeit insgesamt) lässt sich ohne den Blick in die Geschichte nicht verstehen. Allerdings darf die Freude über eine vermeintlich glorreiche Vergangenheit nicht dazu verführen, den Blick vor den gegenwärtigen Problemen des traditionellen Gottesdienstliedes und der Kirchenmusik und den damit verbundenen zukünftigen Herausforderungen zu verschließen. Einerseits stellt sich nämlich die Geschichte der Kirchenmusik bei genauerem Hinsehen keineswegs als ungebrochene Erfolgsgeschichte dar. Lange Zeit sprach man im Hinblick auf die zweite Hälfte des 18. Jh. von einem »Verfall« von Lied und Musik im evangelischen Gottesdienst.[41] Andererseits berechtigt die Vitalität, die die Kirchenmusik in der Vergangenheit auszeichnete, und die zahlreichen Transformationsprozesse, die sie in den zurückliegenden fünf Jahrhunderten durchlief, zu der Hoffnung, dass sich auch heutige krisenhafte Erscheinungen in Zukunft überwinden lassen.

Im Folgenden soll die Geschichte von Lied und Musik im evangelischen Gottesdienst exemplarisch anhand ausgewählter Stationen, einsetzend mit Martin Luther, skizziert werden. Dem schließt sich eine Bestandsaufnahme der gegenwärtigen Situation an. Den Abschluss bilden zukünftige Herausforderungen. Vorangestellt ist ein

---

41 Friedrich Blume, Geschichte der evangelischen Kirchenmusik, 2., neubearbeitete Auflage, Kassel u. a. 1965, 215–249.

Kapitel »Hinführungen«, das biografische Anmerkungen, Begriffs-
klärungen und biblische Beobachtungen enthält.

Hinführungen

1. Biografisches

Obwohl ich aus einer kirchendistanzierten Familie stamme, die nur
am Heiligen Abend und im Urlaub am Gottesdienst teilnahm, war es
selbstverständlich, dass meine Mutter mich als Kind – unterstützt vom
Unterricht in der Grundschule – einen Kern von bekannten Gesangbuchliedern lehrte. Da sie diese (neben weltlichen Liedern) während
der Hausarbeit sang, wurde mir gleichzeitig unausgesprochen vermittelt, dass sie für meine Mutter eine große Bedeutung besaßen und
ihr Freude und Kraft vermittelten. Zu den damals gelernten Liedern
gehörten z. B. »Lobe den Herren, den mächtigen König der Ehren«,
»Jesu, geh voran«, »O du fröhliche«, »Geh aus, mein Herz und suche
Freud«, »Der Mond ist aufgegangen«. Als ich in den Kindergottes-
dienst geschickt wurde, der in meiner oberhessischen Heimatstadt
in den 1960er-Jahren noch als liturgischer Gottesdienst, allerdings
mit verkürzter Liturgie, gefeiert wurde, fühlte ich mich darin nicht
vollkommen fremd. Erst mit den 1968er-Jahren hat in kirchendistanzierten Familien zusammen mit der Tradierung von Glaubens-
inhalten und -formen auch die der Gesangbuchlieder aufgehört. Religiöse Sozialisationsprozesse wurden abrupt unterbrochen.[42]

Meine eigene Geschichte mit den Gesangbuchliedern ging weiter.
Als Jugendlicher entdeckte ich während der Zeit im Schülerbibelkreis mir bis dahin unbekannte Lieder: sowohl aus dem Evangelischen Kirchengesangbuch (EKG) als auch außerhalb. Im Jugendkreis
sangen wir vor allem Lieder aus dem Bereich des Sakro-Pop, in den
Gottesdiensten der Landeskirchlichen Gemeinschaft solche aus dem
Gemeinschafts- bzw. Reichsliederbuch. Ich erlebte, wie mir manche
der Lieder halfen, meinen eigenen Glaubenserfahrungen Sprache
zu geben. In späteren Krisenzeiten von Unsicherheit und Krankheit waren es vor allem die traditionellen Gesangbuchlieder, die mir

---

42 Christa Reich, Singen heute. Vermischte Bemerkungen zu einem komplexen
   Phänomen, Arbeitsstelle Gottesdienst 16 (2006), Heft 2, 59–68.

Trost vermittelten, mir wieder Festigkeit, Mut und Zuversicht gaben. Damals erfuhr ich, was ich viel später bei Theodor Fontane in dessen »Wanderungen durch die Mark Brandenburg« im Kapitel über Mittenwalde las: dass »Befiehl du deine Wege« »das größte deutsche Tröstelied« sei.[43] Die Arbeit als Vikar und Pfarrer einer Kommunität und später als Hochschullehrer und Universitätsprediger hat meine Blickrichtung auf die Gesangbuchlieder noch einmal verändert. Jetzt war ich (mit)verantwortlich für die Auswahl der im Gottesdienst und während der Tagzeitengebete gesungenen Lieder. Dabei musste ich erkennen, dass viele Menschen – nicht nur jüngeren Alters – tiefsitzende Vorurteile gegen das Gesangbuchlied hegten. Ich erlebte, dass der Liedgeschmack im Raum der christlichen Gemeinde sehr unterschiedlich war. Die zunehmende Pluralität – auf der einen Seite der Wunsch, möglichst nur Lieder aus dem 16. Jh., auf der anderen Seite nur charismatische Anbetungslieder zu singen – stellte sich als enorme Herausforderung angesichts meines Bestrebens dar, alle Gemeindeglieder im Gottesdienst am Sonntagmorgen auch in musikalischer Hinsicht zu beheimaten.

Anders als bei den evangelischen Gesangbuchliedern begann meine bewusste Entdeckungsreise mit der Kirchenmusik erst als Abiturient mit dem Besuch einer Aufführung der Matthäus-Passion von Johann Sebastian Bach. Meine Religionslehrerin hatte mich als Belohnung für das bestandene Abitur dazu eingeladen. Ich hatte keine Ahnung, was mich erwartete. Das Konzert empfand ich dann vor allem als ziemlich lang. Die vielen Arien strapazierten mein Durchhaltevermögen. Nur die wunderbar einfachen und klaren Choräle, die mir von Kindheit an vertraut waren, halfen mir, das Konzert durchzustehen. Erstaunlicherweise hat mich die Kirchenmusik, vor allem die von Bach, seitdem nicht mehr losgelassen. Ich begegnete Menschen, die mir durch musikwissenschaftliche und theologische Erklärungen halfen, einen tieferen Zugang zu seinen Kompositionen zu finden. Seitdem versuche ich, in jeder Passionszeit entweder die Matthäus- oder die Johannes-Passion zu hören, am

---

43 Theodor Fontane, Wanderungen durch die Mark Brandenburg, hg. von Gotthard Erler/Rudolf Mingau, 4. Teil: Spreeland, insel taschenbuch 1184, Frankfurt a.M, [2]1990, 299.

Buß- und Bettag die h-Moll-Messe und in der Adventszeit das Weihnachtsoratorium. Manche Christen erzählten mir, dass sie Bachs
Musik wesentliche Impulse für ihren Glauben verdankten. Andere
bezeugten, dass sie während der Aufführung eines seiner Orato-
rien überhaupt erst zu einem bewussten Glauben gefunden hätten.
In Bachs Musik muss man sich – wie in klassische Musik überhaupt – einhören, damit sie im eigenen Inneren zu klingen beginnt.
In den über vier Jahrzehnten seit meinem ersten Bach-Konzert hat
sich mein Musikgeschmack grundlegend gewandelt. Inzwischen stehen für mich nicht mehr die Choräle, sondern die Arien im Vordergrund des Interesses. Ihre vielmals wiederholte Botschaft vermittelt
der stressgeplagten Seele eine unvergleichliche Ruhe und Gewissheit. Von Jahr zu Jahr eröffneten sich mir andere und neue Dimensionen der Musik Bachs. Je häufiger man sie hört, desto größer wird
sie einem. Sie ist so tief und reich, dass man immer Neues entdecken
kann. Besonders berührt die Tiefe der zum Ausdruck gebrachten
Empfindungen, die Verbindung von Leben und Glauben, von Alltag und Frömmigkeit, die Liebe zu Jesus als dem Heiland der Sünder und der immer wieder aufscheinende Horizont der Ewigkeit.

Im Rückblick auf meine persönliche Geschichte mit Lied und
Musik im Gottesdienst wurde mir deutlich: Die in der Kindheit
gelegten Grundlagen waren für meine Lied- und Musikbiografie
prägend. Dabei ist sie nicht ohne Einschnitte und Brüche verlaufen.
So erlebte ich eine Lebensphase, in der ich im Gottesdienst kein
Gesangbuchlied mehr mitsingen konnte. Innerlich war alles wie
tot. In dieser Zeit war es mir auch unmöglich, ein kirchenmusikalisches Werk anzuhören. In anderen Lebensphasen erwiesen sich
dagegen Lied und Musik als Vademecum,[44] als Lebens-, ja als Heilmittel, um aus Verzweiflung und Trauer wieder ins Leben zu finden.
Dabei entdeckte ich im Lauf der Jahre immer mehr den ungeheuren
geistlichen Reichtum, der in Gesangbuchlied und Kirchenmusik enthalten ist. Wichtig scheint mir, sich in der eigenen Lied- und Musikbiografie die Offenheit für Neues und Fremdes zu erhalten. Wahrscheinlich sind dazu Anstöße von außen und das Lernen von der

---

44 Konrad Klek, Spiritualität und Lied, in: Peter Zimmerling (Hg.), Handbuch
   Evangelische Spiritualität, Bd. 3: Praxis, Göttingen 2020, 321–325.

Expertise von Fachleuten unerlässlich. Jenseits der eigenen Konfession etwa entdeckte ich noch einmal ganz neue Formen der Kirchenmusik und des geistlichen Gesangs.

2. Begriffsklärungen

Kirchenmusik kann, wie Peter Bubmann zu Recht feststellt, nicht auf bestimmte Gattungen und Stile (etwa Gregorianik oder evangelisches Kirchenlied), Aufführungsorte (wie Kirchengebäude und Liturgie) oder musikalisch Handelnde (professionelle Chöre bzw. hauptamtliche Kirchenmusiker) beschränkt werden.[45] Dies ist bis in die jüngste Gegenwart immer wieder versucht worden, vermag jedoch dem Phänomen von geistlichem Lied und Musik insgesamt nicht gerecht zu werden. Gerade angesichts der fortschreitenden Pluralisierung der Liedformen und Musikstile empfiehlt sich eine möglichst weitgefasste Definition: »Kirchenmusik liegt dort vor, wo musikalisch Handelnde und Hörende ihre Wahrnehmungen und ihr musikalisches Agieren als Teil der (auch) durch die Institution Kirche tradierten Kommunikation des Evangeliums erfahren. Sie ist daher zunächst ein Geschehen und Ereignis, eine religiöse Praxis, der sekundär ein institutionalisiertes kulturelles System mit seinen Zeichen, Werken und Strukturen dient.«[46]

Während im vergangenen Jh. Oskar Söhngen in seinem berühmt gewordenen Entwurf einer trinitarischen Grundlegung der Kirchenmusik von Musik als Schöpfungsordnung und einer kultischen Ur-Musik ausging,[47] betonte Christoph Krummacher demgegenüber den geschichtlichen und damit den sich verändernden Charakter der Kirchenmusik.[48] Sie hat für ihn Anteil an der in Jesus Christus erfolg-

---

45 Peter Bubmann, »… weil sie die Seelen fröhlich macht«. Musik und Spiritualität, in: Peter Zimmerling (Hg.), Handbuch Evangelische Spiritualität, Bd. 2: Theologie, Göttingen 2018, 250.

46 Peter Bubmann, Kirchenmusik, in: Handbuch Praktische Theologie, hg. von Wilhelm Gräb/Birgit Weyel, Gütersloh 2007, 580.

47 Oskar Söhngen, Theologie der Musik, Kassel 1967 (überarbeitete und erweiterte 2. Auflage von: ders., Theologische Grundlagen der Kirchenmusik, in: Leiturgia, Bd. 4, Kassel 1961, 1–267).

48 Christoph Krummacher, Musik als praxis pietatis. Zum Selbstverständnis evangelischer Kirchenmusik, Göttingen 1994, 131–149

ten Inkarnation Gottes in die Welt. Dadurch ist die Kirchenmusik
frei, von der profanen Kunst zu lernen und Wirkungen des Geistes
Gottes in dieser wahrzunehmen. Neuere Ansätze setzen phänomeno-
logisch an, erschließen das kirchenmusikalische Feld von musikalischen Grundvollzügen her (hören, singen, komponieren, spüren) und
fragen nach den Wirkungen der Kirchenmusik im Rahmen kirch-
licher Handlungsfelder (Verkündigung, Seelsorge, Bildung, Diakonie,
Gemeindeleitung).[49] Dieses Vorgehen ist m. E. deshalb sinnvoll, weil
es davor bewahrt, vorschnell bestimmte musikalische Phänomene
aus dem Raum der Kirchenmusik auszuschließen und stattdessen
eine möglichst große Offenheit für neue Entwicklungen zu bewahren.

Leider hat sich keine einheitliche Bezeichnung für das Gemeindelied im evangelischen Gottesdienst durchsetzen können.[50] Es wird
häufig evangelischer Choral, aber auch evangelisches Kirchenlied
genannt. Ich selber spreche im Folgenden meist von (evangelischem)
Gesangbuchlied.

3. Lied und Musik: biblische Beobachtungen

Lied und Musik spielen sowohl im Alten als auch im Neuen Testament als Ausdrucksform des Glaubens eine wesentliche Rolle. Es
gibt eine Reihe von alttestamentlichen Aussagen, die die große
Bedeutung von Musik und Gesang für den Jerusalemer Tempelgottesdienst erkennen lassen (1Chr 23,5; 2Chr 29,25–28). Geistliche
Lieder und Musik sind aber auch außerhalb des Tempelkultes wichtig: So wird ihnen die Befreiung von bösen Mächten (1Sam 16,23)
und die Rettung vor feindlichen Angriffen (Jos 6,20; Ri 7,16)
zugeschrieben. Darüber hinaus führt geistliche Musik Menschen
zu Gott hin (Ps 40,1–3) und bereitet auf den Empfang von Prophe-
tien vor (1Sam 10,5; 2Sam 23,2).

Im Gegensatz zur griechischen Kultur kennt die hebräische keine
Trennung zwischen Geistigem und Körperlichem. Claus Wester-

---

49 Vgl. Gotthard Fermor/Harald Schroeter-Wittke (Hg.), Kirchenmusik als re-
    ligiöse Praxis, Leipzig 2005.
50 Eberhard Schmidt, 6.5 Lied und Musik im Gottesdienst, in: Handbuch der
    Praktischen Theologie, Bd. 2, Berlin 1974, 114. Schmidt selbst lehnt die Be-
    zeichnung evangelischer »Choral« ab, weil dieser Begriff dem traditionellen
    einstimmigen Gesang in der römischen Messe zu Prosatexten vorbehalten sei.

mann stellte im Hinblick auf das alttestamentliche Gotteslob fest: »Schroff ausgedrückt: der Intellekt kann nicht Gott loben, nur der atmende, sich freuende, singende Mensch.«[51] Das Loben Gottes ist für den alttestamentlichen Frommen deshalb »eine Weise des Daseins«, »nicht etwas, was es im Leben geben kann oder nicht«: »Wie der Tod charakterisiert ist dadurch, dass es in ihm nicht mehr das Loben gibt, so gehört zum Leben das Loben.«[52]

Die Musik im urchristlichen Gottesdienst knüpft an die Tradition des Synagogen- und des jüdischen Hausgottesdienstes an. Anders als im Tempelgottesdienst gab es hier weder Instrumente noch professionelle Chöre. An einer Reihe von neutestamentlichen Stellen ist von Hymnen und Oden sowie von Psalmen die Rede (1Kor 14,26; Kol 3,16; Ep 5,19; Mk 14,26). Dazu kommen die Cantica in Lk 1,47–55 (Benedictus, der Lobgesang des Zacharias); 1,68–79 (Magnificat, der Lobgesang Marias); 2,29–32 (Nunc Dimittis, der Lobgesang des Simeon). Umstritten ist, ob auch die Christushymnen in Joh 1,1–18; Kol 1,15–20; Phil 2,6–11 etc. in den frühchristlichen Hausgottesdiensten gesungen wurden.

Nicht anders als für das Volk Israel im Alten Testament ist auch für die neutestamentliche Gemeinde das geistliche Lied essenziell: In der Nachfolge Jesu Christi soll der Mensch mit seiner ganzen Existenz Gott loben.[53] Der frühere Zürcher Neutestamentler Hans Weder hat Ansätze zu einer »Hermeneutik des Hymnischen im Neuen Testament« anhand des Logos-Hymnus in Joh 1 vorgelegt.[54] Weder kommt darin zu folgendem Schluss: »Lieder, Hymnen sind also so etwas wie sprachliche Räume, in welchen der Mensch nicht nur über mögliche Einstellungen informiert wird, sondern in denen

---

51 Claus Westermann, Art. hll pi. loben, in: Ernst Jenni/Claus Westermann, Theologisches Handwörterbuch zum Alten Testament, Bd 1, München/Zürich ³1978, Sp. 495 f.
52 Claus Westermann, Das Loben Gottes in den Psalmen, Göttingen ³1963, 121.
53 A. a. O., 123 f.
54 Hans Weder, Der Raum der Lieder. Zur Hermeneutik des Hymnischen im Neuen Testament, in: EvTh 53 (1993), 328–341. Weder führt Erkenntnisse weiter, die Eduard Schweizer am Beispiel des Kolosserhymnus gewonnen hat (Eduard Schweizer, Der Brief an die Kolosser, EKK, Bd 12, Zürich/Neukirchen-Vluyn ³1989).

er diese Einstellungen gewinnt und lebensmäßig vollzieht, Räume, in denen er dankbar sein kann, statt über Dankbarkeit bloß theoretisch nachzudenken. Der Hymnus ist deshalb der Ort, wo eine religiöse Beziehung zu Gott tatsächlich gelebt wird, wo die Einstellung zur Geschöpflichkeit unserer Welt tatsächlich gewonnen wird.«[55]

Grund für den Lobpreis Gottes ist, wie Edmund Schlink herausgearbeitet hat, im Alten nicht anders als im Neuen Testament, der Dank für dessen große Taten.[56] Zum Lobpreis Gottes gehört nicht nur der Dank für seine Taten, sondern auch das Rühmen von Gott selbst in der Doxologie.[57] Entsprechend ließen die ersten Christen auch in größter Not und ausweglosen Situationen Lob und Anbetung Gottes nicht verstummen: Apg 16,25f (Paulus und Silas im Gefängnis); Apg 4,24 (erste Verfolgung der Jerusalemer Urgemeinde). Diese Form des Lobpreises Gottes wird dadurch zum Lobopfer, dass »das anbetende Ich und der Akt des Anbetens im Wortlaut der Doxologie im Allgemeinen fehlt«:[58] »Der Mensch schweigt hier von sich, wenngleich er redet, weil er sich in der Doxologie Gott zum Opfer darbringt.« Gott wird in der dritten Person angeredet und als der gepriesen, der er in Ewigkeit ist, ohne dass von ihm etwas erbeten wird.[59]

Im neutestamentlichen Lobpreis Gottes gewinnt der Vaternamen besondere Bedeutung.[60] Dadurch hat die Christenheit – wie schon Israel – »eine Spontaneität empfangen, Gott auch in eigenen Wor-

---

55 Weder, Der Raum der Lieder, 336.

56 Edmund Schlink, Ökumenische Dogmatik, Grundzüge, mit Geleitworten von Heinrich Fries und Nikos A. Nissiotis, Göttingen ³2005, 725; vgl. auch Oswald Bayer (Schöpfung als Anrede. Zu einer Hermeneutik der Schöpfung, Tübingen 1986, bes. 113–117), Eberhard Jüngel (vgl. z. B. Nihil divinitatis, ubi non fides, ZThK 86 (1989), 204–235), Wolfhart Pannenberg (Systematische Theologie, Bd. 3, Göttingen 1993, 228ff), Jürgen Moltmann (»Die eigentliche Theologie, d. h. die Gotteserkenntnis, wird in Dank, Lobpreis und Anbetung zum Ausdruck gebracht«, in: ders., Trinität und Reich Gottes, Zur Gotteslehre, Gütersloh ³1994, 169).

57 Schlink, Ökumenische Dogmatik, 726 f.

58 Vgl. hier und im Folgenden a. a. O., 727–730.

59 Schlink, Wandlungen im protestantischen Verständnis der Ostkirche. Sonderabdruck aus der Festschrift für Hamilcar Alivisatos, Athen 1958, 4.

60 Schlink, Ökumenische Dogmatik, 730–732.

ten zu preisen«.[61] Weil die Unerschöpflichkeit der göttlichen Vollkommenheit von keiner menschlichen Aussage eingeholt werden kann, kommt sie im Lobpreis »in einer immer neuen Plerophorie zum Ausdruck«. Sie »drängt zum Überschwang der Aussagen«. Es ist deshalb durchaus sinnvoll, wenn der Lobpreis »vom wortlosen Jubel und Tanz umgeben ist«. Ort des Lobpreises ist und bleibt allerdings die Tiefe: Er kann sich nie vom Bewusstsein menschlicher Schuld emanzipieren.[62] Dem entspricht die große Bedeutung, die der gottesdienstlichen Klage nach den biblischen Texten zukommt: »Im Alten wie im Neuen Testament gehört die Klage ganz selbstverständlich zur menschlichen Existenz; im Psalter ist die Klage ein wichtiger, gar nicht wegzudenkender Bestandteil des Gottesdienstes und der gottesdienstlichen Sprache.«[63] Westermann betont, dass die Klage sowohl im Alten als auch im Neuen Testament integrativer Bestandteil auch der gelingenden Beziehung zu Gott ist.[64]

Nach der Konstantinischen Wende konnten in der ersten Hälfte des 4. Jh. erstmals große Kirchen gebaut werden. Die christlichen Gottesdienste wurden im Gefolge davon aus den Häusern in die Basiliken verlegt. In den Gottesdiensten der großen Kirchen sangen fortan professionelle Chöre. Während im Bereich der Ostkirche Musikinstrumente bis heute im Gottesdienst keine nennenswerte Rolle spielen, hielt im Westen seit der karolingischen Zeit mit der Orgel die Instrumentalmusik in den Gottesdienst Einzug.

---

61 Vgl. hier und im Folgenden a. a. O., 731 f.

62 A. a. O., 732 f.

63 Claus Westermann, Die Rolle der Klage in der Theologie des Alten Testaments, Gesammelte Studien, Bd. 2 (Theologische Bücherei, Bd 55), München 1974, 254. Vgl. auch Martin Luthers Vorrede zum Psalter: »Wiederum, wo findest du tiefere, kläglichere, jämmerlichere Worte von Traurigkeit, als die Klagepsalmen haben? Da siehest du abermals allen Heiligen ins Herz, wie in den Tod, ja wie in die Hölle. Wie finster und dunkel ist's da von allerlei betrübtem Anblick des Zornes Gottes« (Martin Luthers Vorreden zur Heiligen Schrift, neu hg. von Friedrich Held, Heilbronn 1934, 19).

64 Westermann, Die Rolle der Klage in der Theologie des Alten Testaments, 254.

Lied und Musik in der Geschichte des lutherischen Gottesdienstes

1. »Davon ich singen und sagen will.« Die lutherische Reformation als Singbewegung

1.1 Die Bedeutung des evangelischen Lieds für Gottesdienst und Privatfrömmigkeit

Vor mehr als 40 Jahren stellte Gerhard Ruhbach fest: »Evangelische Frömmigkeit ist Bibelfrömmigkeit.«[65] Von der Theorie her mag das stimmen. Im Hinblick auf die religiöse Praxis müsste jedoch formuliert werden: Evangelische Spiritualität war und ist in hohem Maße Lied- bzw. Gesangbuchspiritualität, wofür gleichermaßen systematisch-theologische, historische und soziologische Gründe verantwortlich sind.

Inspirationsquelle des reformatorischen Liedes war Martin Luthers Erkenntnis von der voraussetzungslosen Begnadigung des Sünders durch Gott.[66] Dass die Rechtfertigungslehre das inhaltlich-theologische Zentrum des lutherischen Chorals bildet, zeigt klassisch Luthers berühmtes Weihnachtslied »Vom Himmel hoch, da komm ich her«, 1535 erstmals gedruckt, das er speziell für Kinder geschrieben und komponiert hat:

---

65 Gerhard Ruhbach, Theologie und Spiritualität. Beiträge zur Gestaltwerdung des christlichen Glaubens, Göttingen 1987, 126.

66 »Im Erlösungsgeschehen sieht Luther also den entscheidenden Grund dafür, dass es zu einem erlösten, befreiten Singen und Sagen notwendig kommen muss, wenn ein Mensch mit ernsthaftem Glauben in dieses Geschehen einstimmt« (Christian Möller, »Ein neues Lied wir heben an.« Der Beginn des reformatorischen Singens im 16. Jh. und die Einführung eines Evangelischen Gesangbuches am Ende des 20. Jh., in: Gemeinsame Arbeitsstelle für Gottesdienstliche Fragen der Evangelischen Kirche in Deutschland, Hannover, Heft 24/95, 26).

>Es ist der Herr Christ, unser Gott,
der will euch führn aus aller Not,
er will eu'r Heiland selber sein,
von allen Sünden machen rein.«
(EG 24, 3)

Dasselbe Lied zeigt auch, dass Singen und Sagen im Hinblick auf das Evangelium für Luther zusammengehören:

>Vom Himmel hoch, da komm ich her,
ich bring euch gute neue Mär;
der guten Mär bring ich so viel,
davon ich singn und sagen will.«
(EG 24, 1)

Singen und Sagen sind die beiden Weisen, in denen das Evangelium sowohl angeeignet als auch weitergegeben wird, wobei beide aus dem glaubenden Hören der Guten Nachricht erwachsen.[67] Dass Luther das Singen zuerst nennt, deutet darauf hin, dass die Art und Weise, in der die frohe Botschaft weitergegeben wird, deren Inhalt entsprechen muss. »Denn Gott hat unser Herz und Gemüt fröhlich gemacht durch seinen lieben Sohn, welchen er für uns hingegeben hat zur Erlösung von Sünden, Tod und Teufel. Wer dies mit Ernst glaubt, der kann's nicht lassen: er muss fröhlich und mit Lust davon singen und sagen, damit es andere auch hören und herzukommen.«[68]

Luther gelingt es, über das Singen auch den Bereich des ersten Glaubensartikels in den Glaubensvollzug hineinzuholen. Die lutherische Reformation wurde zu einer Singbewegung,[69] die ihren Siegeszug durch Deutschland und Europa nicht zuletzt aufgrund ihrer neuen Lieder antrat. In einer Reihe von Städten hat sich die reformatorische Bewegung dadurch durchgesetzt, dass die zum Gottes-

---

67 Vgl. a. a. O., 28.
68 Luther in der Vorrede zum Babstschen Gesangbuch von 1545, zit. nach Markus Jenny, Luther, Zwingli, Calvin in ihren Liedern, Zürich 1983, 170.
69 Möller, »Ein neues Lied wir heben an«, 15–30; ders. (Hg.), Kirchenlied und Gesangbuch. Quellen zu ihrer Geschichte. Ein hymnologisches Arbeitsbuch, Tübingen/Basel 2000, 69ff (dort auch weiterführende Literatur).

dienst versammelte Gemeinde reformatorische Choräle anstimmte. Daraufhin konnten Stadträte und Fürsten nicht anders, als dem Willen des Volkes nachzugeben und die Reformation einzuführen. Christian Möller hat in einer Liedpredigt anlässlich des 800-jährigen Stadtjubiläums von Heidelberg die Bedeutung, die das Lied »Es ist das Heil uns kommen her« (EG 342) für die Einführung der Reformation in der Stadt hatte, sehr anschaulich dargestellt.[70] Die Choräle wurden zum Markenzeichen der jungen evangelischen Kirche. In ihnen hatte der neue Glaube eine Ausdrucksform gefunden, die Jung und Alt unmittelbar ansprach. Fortan prägte den lutherischen Protestantismus – später auch den Calvinismus mit seinem Psalmlied – eine spezifische Liedfrömmigkeit.

Dass dies in den folgenden Jahrhunderten so blieb, hatte vor allem zwei Gründe: Die reformatorischen Choräle bekamen liturgische Funktion. Martin Luther sorgte dafür, dass sie den evangelischen Gottesdienst durchzogen.[71] Der Reformator wurde zum Erfinder des gottesdienstlichen Gemeindegesangs.[72] Einerseits regte er auch andere an, reformatorische Gemeindelieder zu dichten. Andererseits sorgte er durch die Unterstützung des Drucks der Lieder auf Flugblättern und in Gesangbüchern für deren Verbreitung und praktische Verfügbarkeit. Mit der Erfindung des Gemeindelieds gelang Luther eine wirkliche Inkulturation des evangelischen Gottesdienstes in die Lebenswelt und das Stilempfinden der Deutschen. An dieser Stelle liegt, neben der theologisch motivierten radikalen Ablehnung des Opfercharakters des mittelalterlichen Gottesdienstes, der Grund für die – bei allem liturgischen Konservativismus – Radikalität von Luthers neuem liturgischen Ansatz. Er will sich nicht – wie viele seiner gottesdienst-reformerischen Vorgänger – mit einer schlichten Übersetzung der lateinischen Gottesdiensttexte und einer einfachen

70 Vgl. dazu z. B. Christian Möller (Hg.), Ich singe Dir mit Herz und Mund.
    Liedauslegungen, Liedmeditationen, Liedpredigten. Ein Arbeitsbuch zum
    Evangelischen Gesangbuch, Stuttgart 1997, 184–191.
71 Das gleiche galt für den von Calvin geprägten Gottesdienst, für den der Genfer Psalter bestimmend wurde (dazu im Einzelnen Möller, Kirchenlied, 95ff).
72 Differenzierter: Markus Jenny, Luthers geistliche Lieder und Kirchengesänge.
    Vollständige Neuedition in Ergänzung zu Bd. 35 der Weimarer Ausgabe,
    Köln/Wien 1985, 12–16.

Übernahme der gregorianischen Melodien begnügen. »Es sollte eine wirkliche deutsche Messe sein, in welcher der deutsche Text und die überlieferte Musik eine auch ästhetisch überzeugende neue Einheit bilden würden.«[73] Die biblische Begründung für seine Forderung nach einer Inkulturation des Gottesdienstes findet der Reformator in 1Kor 14: »... so oft die Christen zusammen sind kommen, etwas gelesen haben und dasselb in Mutter-Sprach erkläret nach der Weise, so S. Paulus 1. Korinther 14 beschreibt.«[74]

In der Folgezeit wurde die singende Gemeinde einerseits zum Subjekt des Gottesdienstes,[75] andererseits machte der regelmäßige Gemeindegesang einer überschaubaren Anzahl gleichbleibender Lieder mit diesen vertraut und verschaffte der evangelischen Christenheit eine eigene spirituelle Identität.

Neben den öffentlichen Gottesdienst trat als zweites Standbein gemeinschaftlichen geistlichen Lebens die Hauskirche.[76] Auch in ihr spielte der evangelische Choral eine wesentliche Rolle. Hatte Luther in seiner Vorrede zur »Deutschen Messe und Ordnung des Gottesdienstes«[77] noch mit dem Gedanken gespielt, Hausgemeinden einzurichten, deren Mitglieder aufgrund ihres Glaubensstands aus verschiedenen Häusern und Familien zusammenkommen sollten (»die mit Ernst Christen sein wollen«), schuf er stattdessen die evangelische Hauskirche, deren Zugehörigkeit sozial begründet war. Sie umfasste alle Mitglieder eines Hauses: neben Vater, Mutter und Kindern weitere Verwandte und Freunde, Gesellen und Lehrlinge, Knechte und Mägde. Luthers eigene Großfamilie wurde zum

---

73 Wolfgang Ratzmann, Danken, loben und bitten in Luthers Deutscher Messe und in heutigen lutherischen Agenden, Lutherjahrbuch 2007, 94.

74 Martin Luther, Eine Weise, christliche Messe zu halten und zum Tische Gottes zu gehen (Formula missae), in: ders., Ausgewählte Werke. Die Münchener Lutherausgabe, hg. von H. H. Borcherdt/Georg Merz, Bd. 3, München ³1962, 126.

75 Vgl. dazu Möller, Kirchenlied, 69 ff.

76 Vgl. dazu Eugen Rosenstock, Luthers Volkstum und die Volksbildung, in: ders./Joseph Wittig, Das Alter der Kirche. Kapitel und Akten, Bd. 2, Berlin 1928, 685 ff.

77 WA 19, 72–113 (1526).

Vorbild der evangelischen Hauskirche.[78] Im Pfarrhaus als Abbild von Luthers Haus lag auch im kleinsten Dorf die dafür nötige Veranschaulichungsinstanz vor. Primär im Rahmen der Hauskirche erfolgte fortan, unterstützt von der parochialen Kirchengemeinde, mit Hilfe von Gesangbuch und Kleinem Katechismus die Weitergabe des Evangeliums an die nächste Generation. Das evangelische Gesangbuch diente als häusliches und persönliches Andachtsbuch, das neben den Liedern auch viele Gebete und Psalmen enthielt. Prototyp dieser Gesangbücher war das Babstsche Gesangbuch von 1545, zu dem Luther seine berühmte Vorrede schrieb. Darin geht er indirekt auf die Bedeutung des Gesangbuchs für den häuslichen Gesang ein: »Darumb thun die drucker sehr wol dran / das sie gute lieder vleissig drucken / und mit allerley zierde / den leuten angeneme machen / damit sie zu solcher freude des glaubens gereitzt werden / und gerne singen.«[79]

1.2 Theologie der Musik bei Martin Luther

Für die lutherische Reformation ist neben der Hochschätzung von Lied und Gesang auch die der Instrumentalmusik charakteristisch. Luther gibt der Musik nach der Theologie den zweiten Platz, weil sie den Wirkungen der Rechtfertigungserfahrung sowohl im gemeinschaftlichen als auch im individuellen Leben zur Umsetzung verhilft. Das folgende Zitat lässt erkennen, dass Luther darunter nicht bloß die Vokal-, sondern auch die Instrumentalmusik verstand: »Ich liebe die Musik, und es gefallen mir die Schwärmer nicht, die sie verdammen. Weil sie erstens ein Geschenk Gottes und nicht der Menschen ist, zweitens weil sie die Seelen fröhlich macht, drittens weil sie den Teufel verjagt, viertens weil sie unschuldige Freude weckt. Darüber vergehen die Zornanwandlungen, die Begierden, der Hochmut. Ich gebe der Musik den ersten Platz nach der Theologie. Das ergibt sich aus dem Beispiel Davids und aller Propheten, weil sie all

---

78 Dass Luther sein früheres Kloster als Wohngebäude für sich und seine Familie vom sächsischen Kurfürsten geschenkt bekam, gewinnt auf diesem Hintergrund symbolische Bedeutung: Das Zentrum evangelischen gelebten Glaubens liegt nicht länger im Kloster, sondern im Haus der Familie.

79 Zit. nach Möller, Kirchenlied, 82.

das ihre in Metren und Gesängen überliefert haben. Fünftens weil sie in der Zeit des Friedens herrscht. Haltet also aus, und es wird bei den Menschen nach uns besser mit dieser Kunst stehen, weil sie im Frieden leben. Ich lobe die Fürsten Bayerns deshalb, weil sie die Musik pflegen. Bei uns Sachsen werden die Waffen und Bombarden gepredigt.«[80] Für Luther ist die Musik eine gute Gabe des dreieinigen Gottes an den Menschen. Er versteht sie zunächst als Schöpfungsgabe. Sie ist von Gott geschaffen und dem Menschen zum Gebrauch gegeben. Da Freude und Frieden im Neuen Testament ausdrücklich als Gaben des Geistes genannt werden (Gal 5,22), wird die Musik sodann als Gabe des Geistes Gottes daran erkennbar, dass sie Menschen fröhlich macht und Frieden bringt. Schließlich hat sie auch eine soteriologische Funktion, ist also Gabe Jesu Christi, weil sie mit dem Zorn, den Begierden und dem Hochmut den Teufel verjagt. Dass die Musik unschuldige, d.h. reine Freude weckt, macht sie zum Vorgeschmack des Himmels, dem Ort ungetrübter Seligkeit, die nicht zuletzt durch wunderbare Musik erfahren wird:

> »Welch hohe Lust, welch heller Schein,
> wird wohl in Christi Garten sein!
> Wie muss es da wohl klingen,
> da so viel tausend Seraphim
> mit unverdrossnem Mund und Stimm
> ihr Halleluja singen,
> ihr Halleluja singen.«
> (EG 503, 10)

Hinter der Musik treten für Luther sogar konfessionelle Differenzen zurück: Er lobt die altgläubig gebliebenen bayerischen Fürsten gegenüber den Sachsen, weil sie die Musik pflegen.

---

80 WA 30/2, 696 (Über die Musik, Entwurf Luthers von 1530).

1.3 Aktualisierung des reformatorischen Erbes angesichts neuer Herausforderungen: das Liedschaffen Paul Gerhardts[81]

Die Lieder Paul Gerhardts bringen primär – anders als die Lieder der Reformation mit ihrer Fokussierung auf die Gemeinde, auf die Beziehung zwischen Wir und Gott – die subjektive Glaubenserfahrung, die Beziehung des Einzelnen zu Gott – zur Sprache. Gerhardt hat »die Gattung des subjektiven Erbauungsliedes erst eigentlich geschaffen«.[82] Die Betonung der individuellen Glaubensbeziehung entspricht der Betonung des menschlichen Individuums in der Barockzeit. Indem Paul Gerhardt persönliche Schwierigkeiten und Probleme thematisiert, will er dem Einzelnen eine Brücke zum Glauben bauen. Dabei fällt das dichterische Ich in den Liedern nicht einfach mit dem singenden Ich in eins. Das dichterische Ich redet vielmehr hyperbolisch, in dichterischer Übertreibung. »Es eilt dem biografischen Ich voran, es überspringt dessen beschränkten Horizont von Raum und Zeit.«[83]

Paul Gerhardt ist neben Martin Luther der bedeutendste evangelische Liederdichter und hat den Reformator an Beliebtheit mittlerweile sogar überflügelt. Von seinen 69 Lebensjahren fallen dreißig in den grausamsten Krieg, den Deutschland bis heute erlebt hat. Es verlor damals mehr als ein Drittel seiner Bevölkerung.[84] In Sachsen und Brandenburg waren die Verluste noch erheblich höher. 1637 wurde Gerhardts Geburtsort Gräfenhainichen vernichtet, 1640 brannte ein großer Teil Wittenbergs, seines Studienortes, nieder. Mittenwalde, in dem Gerhardt drei Jahre nach Kriegsende seinen Dienst als Pfarrer antrat, hatte zu diesem Zeitpunkt von seinen gut 1000 Einwohnern

---

81 Viele der folgenden Überlegungen habe ich zuerst vorgetragen in: Peter Zimmerling, »Hoff und sei unverzagt«. Glaubens- und Lebenshilfe durch Paul Gerhardt, in: Deutsches Pfarrerblatt 107, 2007, 123–128.

82 Blankenburg, Art. Gerhardt Paul(us), in: Die Musik in Geschichte und Gegenwart (MGG), Bd. 4, Kassel/Basel 1955, 1792.

83 Jürgen Henkys, Singende Ökumene. Überlegungen, Erfahrungen, Aufgaben, Vortrag bei der Synode der Evangelischen Kirche Berlin-Brandenburg-schlesische Oberlausitz am 22.4.2005.

84 Art. Dreißigjähriger Krieg, in: Der Neue Brockhaus, Bd. 1, 613 f.

vor dem Krieg noch 250 übrig behalten.[85] Das Landstädtchen war voller Ruinen und die Narben des Krieges verheilten nur langsam. Trotz der zahlreichen Katastrophen, die das Leben Paul Gerhardts prägten, stellte seine Biografie zur damaligen Zeit keine Ausnahmeerscheinung dar. Was Gerhardt jedoch von zeitgenössischen Pfarrern unterschied, war seine Dichtkunst. Offenbar ermöglichte sie ihm, seine biografischen Erfahrungen zur Sprache zu bringen und sie dadurch geistlich zu verarbeiten. Das soll nicht heißen, dass sich seine Lieder auf bestimmte persönliche Erlebnisse zurückführen ließen. Das ist – wenn überhaupt – nur in ganz seltenen Fällen möglich. Auffällig ist, dass der Höhepunkt der Publikationsrate seiner Lieder 1653 liegt, also nicht lange, nachdem er seine erste Pfarrstelle angetreten hat, und nicht lange bevor er – endlich – heiraten konnte.[86] Damals erschien in 5. Auflage das von Johann Crüger, Kantor an St. Nikolai in Berlin, herausgegebene Liederbuch »Praxis pietatis melica«, auf Deutsch: »Frömmigkeitspraxis – musikalisch«, das 81 Lieder von Paul Gerhardt enthielt. Wie der deutsche Untertitel des Gesangbuchs deutlich macht – »zu Beforderung des so wol Kirchen- als Privat-Gottesdienstes« –, waren Gerhardts Lieder neben dem öffentlichen vor allem für den privaten Gottesdienst in der Familie bestimmt. Weil in der damaligen Zeit die Hausandacht eine herausragende Rolle für den evangelischen Glauben spielte, wurde Gerhardt bereits zu seinen Lebzeiten berühmt. Ihren Siegeszug im Gemeindegottesdienst traten die Lieder erst ein halbes Jahrhundert später an, gefördert durch den Pietismus mit seiner Betonung der persönlichen Frömmigkeit, die auch im öffentlichen Gottesdienst zur Geltung kommen sollte.[87]

Grund für die heutige Beliebtheit der Lieder Paul Gerhardts ist ihr herausragender Qualitätsstandard, und zwar in künstlerischer, spiritueller und seelsorgerlicher Hinsicht. Sie zeigen, dass sich Ger-

---

85 Vgl. hier und im Folgenden: Walther Killy, Paul Gerhardt. Glaube, Schwermut, Dichtung, in: Markus Jenny/Edwin Nievergelt (Hg.), Paul Gerhardt. Weg und Wirkung, Zürich 1976, 8.

86 1642 veröffentlichte er sein erstes, 1675 verfasste er sein letztes Gedicht (Sven Grosse, Art. Gerhardt, Paul(us), in: Die Musik in Geschichte und Gegenwart (MGG), Bd. 7, Kassel u. a. ²2002, 776f).

87 Blankenburg, Art. Gerhardt, Paul(us), 1793 f.

hardt auf der Höhe der Dichtkunst seiner Zeit befand.[88] Durch ihre sprachliche Schönheit, in der sich die Schönheit des göttlichen Schöpfers widerspiegeln soll, wollen die Lieder Freude hervorrufen. Der bildhaften Sprache von Gerhardts Poesie gelingt es, geistliche Dinge begreiflich zu machen, ohne ihnen ihr Geheimnis zu nehmen. Die wissenschaftliche Sprache der Theologie ist im Gegensatz dazu begriffliche und damit abstrakte Sprache, die dem menschlichen Gemüt gewöhnlich fremd bleibt. Die hohe künstlerische Qualität der Lieder Paul Gerhardts zeigt sich ebenso an ihrer Vertonung. Auch wenn der Dichter – anders als Martin Luther – keine eigenen Melodien geschaffen hat, wird dieser Mangel dadurch kompensiert, dass Johann Crüger und dessen Nachfolger Johann Georg Ebeling, die beide zu Gerhardts Lebzeiten als Kantoren an St. Nikolai in Berlin amtierten, seine Texte kongenial vertonten.[89]

Dreh- und Angelpunkt der Spiritualität von Gerhardts Liedern ist die liebende Hinwendung Gottes zum Menschen in Jesus Christus. Indem die Lieder von Gerhardts eigenen Glaubenserfahrungen gesättigt sind, werden sie zu lebendigen Bibeln. Der Kern ihrer Botschaft lautet: Das menschliche Leben ist in allen Höhen und Tiefen in den Händen Gottes geborgen. Daher hilft der christliche Glaube dem Menschen, es mit seinen unterschiedlichen Herausforderungen zu bestehen. Damit das geschehen kann, laden die Lieder Sängerinnen und Sänger ein, eine neue Perspektive einzunehmen: Das menschliche Leben wird transparent für Gottes Handeln. Der graue Alltag verwandelt sich zu einem Leben unter dem geöffneten Himmel Gottes.

Die spirituelle Qualität der Lieder zeigt sich auch darin, dass sie eine großartige Sprachschule des Glaubens darstellen. »In Einsamkeit mein Sprachgesell« nennt Paul Gerhardt sie.[90] Indem Angst

---

88 »Gerhardt schließt sich den allgemeinen poetologischen Normen an, wie sie Buchner von Opitz übernommen und weiterentwickelt hatte« (Sven Grosse, Gott und das Leid in den Liedern Paul Gerhardts, Göttingen 2001, 777).

89 Vgl. hier und im Folgenden Blankenburg, Art. Gerhardt, Paul(us), 1794–1797; ders., Die Lieder Paul Gerhardts in der Musikgeschichte, in: Jenny/Nievergelt, Paul Gerhardt, 23–31.

90 Paul Gerhardts geistliche Lieder, getreu nach der bei seinen Lebzeiten erschienenen Ausgabe wiederabgedruckt (hg. von Philipp Wackernagel), Stuttgart 1855, 46.

und Schmerz, Schuld und Tod durch die Lieder eine Sprache finden, werden sie ans Licht geholt.[91] Damit verschwinden die negativen Erfahrungen zwar nicht, aber ich kann lernen, mit ihnen umzugehen. Und das ist noch nicht alles: Die Lieder bleiben nicht bei der bloßen Beschreibung von Angst und Schmerz, Schuld und Tod stehen. Sie bringen diese in einen Dialog, und zwar in den Dialog mit Gott, der in den Liedern nicht als Abstraktum verstanden wird, sondern Namen erhält, die in die Tiefe von Angst und Tod hinabreichen. In seinem Passionslied »O Haupt voll Blut und Wunden« nennt Gerhardt Jesus Christus »mein Hüter«, »mein Hirte«, »Quell aller Güter«, »liebster Freund«. Eine solche biblisch inspirierte persönliche Sprache vermag in der Angst ein Fenster in die Freiheit zu öffnen und bietet die Möglichkeit, Gegenerfahrungen zu machen.

Der Grund für die Beliebtheit Paul Gerhardts liegt schließlich darin, dass er ein Meister christlicher Lebenskunst ist.[92] Indem seine Lieder Hilfe zum Glauben bieten, vermitteln sie gleichzeitig Lebenshilfe.[93] Matthias Claudius vergleicht das Lied »Befiehl du deine Wege« mit einem vertrauten Freund, der einem mit Rat und Trost beisteht: »So ein: ›Befiehl Du Deine Wege‹ z[um] E[xempel], das man in der Jugend, in Fällen wo es nicht so war wie's sein sollte, oft und andächtig mit der Mutter gesungen hat, ist wie ein alter Freund im Hause, dem man vertraut und bei dem man in ähnlichen Fällen Rat und Trost sucht.«[94]

---

91 Ähnliche Überlegungen hat bereits vor Jahren Ingo Baldermann im Hinblick auf die Psalmen plausibel machen können (ders., Ich werde nicht sterben, sondern leben. Psalmen als Gebrauchstexte, WdL 7, Neukirchen-Vluyn ²1994; ders., Psalmen, in: Christian Möller (Hg.), Geschichte der Seelsorge in Einzelporträts, Bd. 1: Von Hiob bis Thomas von Kempen, Göttingen 1994, 23–34.

92 So der Untertitel des Buches: Reinhard Deichgräber, Nichts nimmt mir meinen Mut. Paul Gerhardt als Meister christlicher Lebenskunst, Göttingen 2006.

93 Vgl. dazu: Was bedeutet Ihnen Paul Gerhardt? Ergebnisse einer Umfrage, in: Jenny/Nievergelt, Paul Gerhardt, 54–67.

94 Zit. nach Möller, Kirchenlied, 213.

2. Johann Sebastian Bach (1685–1750): Höhepunkt evangelischer Kirchenmusik[95]

2.1 Musik zur Ehre Gottes

Friedrich Blume stellte die These auf, dass Bach nicht primär zur Ehre Gottes, sondern lediglich aufgrund der selbstverständlichen christlichen Prägung der damaligen Gesellschaft, der Notwendigkeiten des Amtes als Kirchenmusiker und der Gegebenheiten seiner Genialität herausragende geistliche Musik komponiert habe.[96] Dieser These ist zu Recht widersprochen worden. Eine Reihe von Beobachtungen belegt, dass tatsächlich die Ehre Gottes Ziel und Zweck von Bachs musikalischem Schaffen war. Diese Motivation drückt sich etwa in den Worten »Soli Deo Gloria« (Gott allein die Ehre) aus,[97] mit denen Bach regelmäßig seine Kompositionen am Schluss bezeichnet (häufig abgekürzt: SDG). Entsprechendes lässt sich aus der Beobachtung ableiten, dass er an den Beginn seiner Partituren häufig JJ/Jesu Juva, d.h. Jesu, hilf, schrieb. Auch in Bachs theoretischen Äußerungen über seine Musik bildet das Stichwort »Zur Ehre Gottes« das inhaltliche Zentrum. Das zeigt z.B. seine Definition vom Sinn der Musik: »Der Generalbass ist das vollkommenste Fundament der Music, welcher mit beyden Händen gespielet wird dergestalt, das die linke Hand die vorgeschriebenen Noten spielet, die rechte aber Con- und Dissonantien dazu greift, damit dieses eine wohlklingende Harmonie gebe zur Ehre Gottes und zulässiger Ergötzung des Gemüthes, und soll wie aller Music, also auch des General Basses Finis und End Uhrsache anders nicht, als nur zu Gottes Ehre und Recreation des Gemüths seyn. Wo dies nicht in Acht genommen wird, da ists keine eigentliche Music, son-

---

95 Die meisten der folgenden Überlegungen habe ich vorgetragen in: Peter Zimmerling, Evangelische Mystik, Göttingen ²2020, 83–112.

96 Friedrich Blume, in: Musica 16, 1962, zit. nach Martin Geck, Bachs Schriftverständnis, in: Musik und Kirche, 1970, 9.

97 Vgl. hier und im Folgenden Johan Bouman, Musik zur Ehre Gottes. Die Musik als Gabe Gottes und Verkündigung des Evangeliums bei Johann Sebastian Bach, Gießen/Basel 2000, 24 ff.

dern teuflisches Geplerr und Geleyer.«[98] Der gleiche Gedanke steckt hinter der handschriftlichen Widmung auf dem Orgelbüchlein für Anna Magdalena Bach von 1720 in Köthen: »dem Höchsten Gott allein zu Ehren, dem Nächsten draus sich zu belehren.«[99] Schließlich noch ein letzter Beleg, eine grundsätzliche Äußerung Bachs zu Sinn und Zweck seines kirchenmusikalischen Schaffens: »... den Endzweck, nemlich eine regulierte Kirchenmusik zu gottes Ehren ... Erhaltung meines endzweckes wegen der wohlzufassenden Kirchenmusic«.[100]

Mit dem Ziel, Musik »zur Ehre Gottes« zu machen, steht Bach nicht nur in der Tradition lutherischer Kirchenmusik, sondern lutherischer Ethik insgesamt, nach der die Arbeit in jedem Beruf der Ehre Gottes und dem Heil des Menschen dienen soll.

2.2 Musik als Realpräsenz Gottes

Bach verfolgt mit seiner Musik das Ziel, dass in ihr Gott selbst gegenwärtig ist – wie beim Abendmahl, so auch in der Kirchenmusik: Realpräsenz Gottes! Dass dieses Anliegen das Wirken Bachs auch während seiner Zeit als Thomaskantor in Leipzig bestimmt hat, untermauerte ein sensationeller Fund, der in den 1930er-Jahren in den USA gemacht wurde.[101] Man fand dort Bachs Bibel, die dieser – gemäß handschriftlicher Eintragung – 1733 erworben hat. Dabei handelt es sich um eine dreibändige kommentierte Lutherbibel des orthodox-lutherischen Theologen Abraham Calov (1612–1686).[102] Eine Reihe von Eintragungen mit eigener Hand belegen, dass Bach in der Lutherbibel geistlich beheimatet war. Sie zeigen auch, dass Bach seine Kirchenmusik im Sinne einer Realpräsenz Gottes verstand. Besonders aufschlussreich sind drei Ein-

---

98 Zit. nach a. a. O., 24 (aus: Spitta, Bach, Bd. 2, 915 f (Gründlicher Unterricht des General-Basses, Col. 1 und 2); Hervorhebungen von P.Z.
99 Zit. nach Bouman, Musik zur Ehre Gottes, 24.
100 Zit. nach a. a. O. (aus: Spitta, Bach, Bd. 1, 372 f); Hervorhebung von P.Z.
101 Bach und die Bibel, Katalog zur gleichnamigen Ausstellung von Martin Petzoldt, Leipzig o. J., 51 f.
102 Vgl. dazu Bouman, Musik zur Ehre Gottes, 34ff; ebenso Geck, Schriftverständnis, 9–17.

träge zu den beiden Chronik-Büchern im Alten Testament.[103] Zu
1Chr 25, wo von der Einsetzung der Sänger und Instrumentalisten
am Jerusalemer Tempel in ihre Ämter die Rede ist, schreibt Bach:
»Dieses Capitel ist das wahre Fundament aller Gott gefälligen Kirchen Music.« Zu 1Chr 28 hält er fest: »Ein herrlicher Beweis, dass
neben anderen Anstalten des Gottesdienstes besonders auch die
Musica von Gottes Geist durch David mit angeordnet worden.«
In beiden Eintragungen bringt Bach seine Freude darüber zum
Ausdruck, dass gottesdienstliche Musik letztlich nicht von Menschen, sondern von Gott selbst eingesetzt worden ist. Die mar-
kierten Bibelverse bestätigen ihn darin, dass sein Musikschaffen
Gott wohlgefällt. Eine dritte Eintragung findet sich am Rand von
2Chr 5,13. In 2Chr 5f wird die Einweihung des Jerusalemer Tem-
pels durch König Salomo beschrieben, wobei es in 2Chr 5,13 heißt:
»Und es war, als wäre es einer, der trompetete und sänge, als hörte
man eine Stimme loben und danken dem Herrn. Und als sich die
Stimme der Trompeten, Zimbeln und Saitenspiele erhob und man
den Herrn lobte: ›Er ist gütig, und seine Barmherzigkeit währt
ewig,‹ da wurde das Haus des Herrn erfüllt mit einer Wolke.« Bach
notiert: »NB. Bey einer andächtigen Musique ist allezeit Gott mit
seiner Gnaden Gegenwart.« Bach interpretiert die Wolke, die den
Tempel erfüllte, zu Recht als sinnenfälliges Zeichen der Gegenwart
Gottes und schließt daraus, dass Kirchenmusik ein Zeichen für die
Realpräsenz Gottes ist.

2.3 Kirchenmusik als Schriftauslegung

Die Künste besaßen schon von jeher in der Geschichte der Kirche
eine wichtige Funktion im Hinblick auf die Auslegung biblischer
Texte. Man denke nur an die mittelalterliche Malerei. Im lutherischen Protestantismus gewann vor allem die Musik große Bedeutung
für die Schriftauslegung.

Dreh- und Angelpunkt für Entstehung und Verständnis der
Bachschen Kompositionen ist die Verkündigung des Evangeliums

---

103 A.a.O., 10; vgl. auch Johann Sebastian Bach, Ehre sei dir Gott gesungen,
     hg. von Martin Petzoldt/Joachim Petri, Berlin ²1990, 9–15.

in Wort und Ton.[104] Bereits zwei äußerliche Beobachtungen sprechen für die Richtigkeit dieser Feststellung: Zum einen ist es kein Zufall, dass Bach gerade auf dem Gebiet der Kirchenmusik unübertroffen geblieben ist, während seine ebenso geniale weltliche Musik kongeniale und weiter ausgreifende Nachfolger gefunden hat.[105] Zum anderen lässt sich zeigen, dass Bach dem Bibelwort in seinen Kirchenkompositionen den ersten Platz vor der freien Dichtung gegeben hat.

Ursprünglich komponierten die lutherischen Kirchenmusiker des 17. Jh. ihre geistlichen Konzerte weithin auf biblische Texte. Im 18. Jh. kam die neue Gattung der Kantate auf, entstanden als kirchliches Gegenstück zur italienischen Oper. Zunächst verzichteten die Kirchenmusiker vollständig auf Bibelwort und Choral zugunsten neuer gereimter Dichtung. Aufgrund des Protestes vonseiten der Gemeindebasis und der Theologen kam es zu einem Kompromiss, indem Bibelwort, Choral und freie Dichtung zusammengestellt wurden. Trotzdem gab es weiterhin die Form der Kantate, der ausschließlich die freie Dichtung zugrunde lag. Bei Bach sind die rein madrigalischen Kantaten weitaus in der Minderzahl. Schon in seiner Weimarer Zeit, während des sog. Weimarer Kantaten-Frühlings, fällt auf, dass Bach bestrebt ist, in die den Madrigalkantaten zugrundeliegenden Texte Salomo Francks Symbole lutherischer, stärker schriftbezogener Glaubenshaltung einzuschmuggeln.[106] Diese Rolle erfüllen Choralzitate.

Das wird in Leipzig noch deutlicher sichtbar. Hier kehrt Bach zurück zum geistlichen Konzert, das von Bibel und Choral geprägt wird. Warum sonst, wenn nicht aus innerster Überzeugung, sollte er das getan haben? Der Hinweis auf sein Amt als Thomaskantor reicht dafür als Grund nicht aus. Auch als Kantor hätte niemand einen derartigen Konservativismus von ihm erwartet. Der eigentliche Grund ist, dass der damals moderne, von der italienischen Oper geprägte, Kantaten-Stil für Bach nicht an oberster Stelle steht. »Bach begreift

---

104   Vgl. Martin Petzoldt (Hg.), Bach als Ausleger der Bibel. Theologische und musikwissenschaftliche Studien zum Werk Johann Sebastian Bachs, hg. im Auftrag des Kirchlichen Komitees Johann Sebastian Bach, Göttingen 1985, 9.
105   Geck, Schriftverständnis, 10.
106   So a. a. O., 13.

die Kirchenkantate [vielmehr] [...] als musikalische Realisation einer umfassenden, auch nichtmusikalischen, etwa liturgischen, Phänomenen offenen Gattung.«[107]

Ein besonders bekanntes Beispiel muss an dieser Stelle genügen.[108] Viele haben sicher den Eingangschor der Matthäus-Passion im Ohr. Der gedichtete Text verbindet Leidens- und Brautmystik: »Kommt, ihr Töchter, helft mir klagen; sehet – wen? – den Bräutigam; seht ihn – wie? – als wie ein Lamm [...].« Dieser Eingangschor ist von einer strengen Emotionalität. Er gibt das Karfreitagsthema vor, nach dem der Tod Jesu am Kreuz nicht nur die Menschheit, sondern die ganze Schöpfung im Innersten aufwühlt. Mitten hinein in diese gewaltige vokal-symphonische Komposition hat Bach – in der Original-Partitur mit roter Tinte – den Choral »O Lamm Gottes, unschuldig« hineingeschrieben. Warum hat er das getan? Vom rein musikalischen Standpunkt aus betrachtet, wirkt ein solcher cantus firmus geradezu störend: Er bringt in die kunstvolle Mehrstimmigkeit liturgische Einstimmigkeit hinein. Aber vom Gesichtspunkt der Bachschen Musik als Evangeliumsverkündigung her zeigt er den Komponisten auf der Höhe seines Könnens als Schriftausleger: Indem der Choral die ästhetische Norm sprengt, führt Bach den Hörer über den rein innerweltlichen Horizont hinaus. Während die Menschheit angesichts des furchtbaren Unrechts, das auf Golgatha einem unschuldigen Menschen widerfahren ist, noch in kollektiver Klage verharrt, bricht die Botschaft des Evangeliums von der Rettung des Sünders durch das unschuldige Sterben Jesu am Kreuz aus einer anderen Welt in das Geschehen herein. Das Beispiel zeigt: Bach bringt die lutherische Erkenntnis von der gnädigen Annahme des Menschen durch Gott in seiner Musik auch dann zur Geltung, wenn dadurch herkömmliche Kompositionsgepflogenheiten durchbrochen werden.

Nicht zuletzt brachte Bachs musikalische Schriftauslegung in seinen Kantaten den Ereignischarakter des Evangeliums zur Darstellung und machte den Gottesdienst zu einer festlichen Angelegenheit. Die sonntägliche Aufführung einer Kantate im Hauptgottesdienst war

---

107　A.a.O., 15.
108　Vgl. zum Folgenden a.a.O., 11.

wesentlich dafür verantwortlich, dass der lutherisch-orthodoxe Gottesdienst in der Bachzeit, trotz der langen Predigten, nie ausschließlich den Charakter einer Lehrveranstaltung besaß.

2.4 Kompositionskunst als Verkündigung

Der Verkündigungscharakter von Bachs Musik lässt sich nicht nur an den Texten seiner Vokalmusik festmachen. Die Musik selbst – sogar die reine Instrumentalmusik – ist nach lutherischem Verständnis »Sprache des Glaubens«.[109] Luther meinte, dass sie an sich »Wortcharakter« besäße, also in den Dienst der Verkündigung gestellt werden könne. Bachs Musik kann als Sprache des Glaubens interpretiert werden. Einer seiner Zeitgenossen, Johann Mattheson (1681–1764), bestätigt diese Annahme: »Bachs Instrumental Music sei nichts anders als eine Tonsprache oder Klangrede.«[110] Sie will Glauben wecken bzw. befestigen. Johan Bouman hat vier Mittel herausgestellt, mit denen Bach seine Musik als Tonsprache gestaltet. Es sind dies 1. musikalisch-rhetorische Figuren, 2. der Einsatz der Instrumente, 3. die Auswahl der Tonarten und schließlich 4. die Verwendung einer speziellen Zahlensymbolik. Im Folgenden möchte ich kurz beschreiben, was damit gemeint ist.

1. Zu Bachs Zeit standen ungefähr 100 musikalisch-rhetorische Figuren zur Verfügung. Eine von Bach benutzte Figur ist die des Abstiegs, der Katabasis, also eine absteigende Melodielinie. Eine andere ist die Figur der Abbildung, der Hypotyposis. In Arie 8 der Matthäuspassion »Blute nur« wird die Schlange mit ihrem Kriechen abgebildet.

2. Auch die Stimmen und Instrumente haben in Bachs Musik symbolische Funktion. Z. B. bekommt die Sopranstimme herausragende Bedeutung: Sie bringt die Empfindungen der Seele zum Klingen (etwa im Weihnachtsoratorium im Wechselgespräch zwischen der Seele und Christus). Ein Beispiel für die Tonsprache der Instrumente: Wenn Bach die Offenbarung oder die Anbetung der

---

109 Vgl. hier und im Folgenden Bouman, Musik zur Ehre Gottes, 43ff; dazu auch: Meinrad Walter, Musik-Sprache des Glaubens. Zum geistlichen Vokalwerk Johann Sebastian Bachs, Frankfurt a. M. 1994.

110 Zit. nach Bouman, Musik zur Ehre Gottes, 43.

himmlischen Welt thematisiert, lässt er eine oder mehrere Trompeten erklingen, die die Herrlichkeit des Himmels verkünden sollen.
3. Nach der Musiklehre der frühen Barockzeit haben auch die
verschiedenen Tonarten eine je besondere theologische Bedeutung.
Im perfekten Dreiklang liegt z. B. ein Symbol für die göttliche Person Christi. Bouman hat versucht nachzuweisen, dass diese Symbolik
von Bach besonders in der h-Moll-Messe berücksichtigt worden ist.
4. Schließlich hat sich die Bach-Forschung in den vergangenen
Jahren bemüht zu zeigen, dass die Musiksprache Bachs von einer
bestimmten Zahlensymbolik geprägt wird. Entscheidender Grund
für die Verwendung der Zahlensymbolik in der Musik Bachs scheint
die Bedeutung der Zahlen in der Bibel gewesen zu sein. Sie stehen
dort in unmittelbarem Zusammenhang zur Schöpfungsordnung:
»Aber du hast alles geordnet mit Maß, Zahl und Gewicht« (Weisheit Salomos 11,21). Wichtige Glaubensaussagen können mit einer
Zahl verdeutlicht werden. Z. B. kann die Zahl 3 sowohl die Ewigkeit (Offb 1,4: »Der da ist und der da war und der da kommt«) als
auch die Trinität (Mt 28,19: »Taufet sie im Namen des Vaters und
des Sohnes und des Heiligen Geistes«) bedeuten.

Bei Bach unterstreicht die Zahl die Bedeutung des Textes. Dabei
kann es sich um die Zahl der Takte und Themen, Einsätze und
Ostinato-Wiederholungen handeln. Dazu ein Beispiel: »In der
Matthäuspassion singen in der Aria 27a Sopran und Alt die Worte
›So ist mein Jesus nun gefangen‹. In der Gegenbewegung tritt der
Chor auf; es sind die Stimmen derjenigen, die das Geschehen des
Leidens Christi nicht verstehen. Jesus soll nicht leiden, und deswegen
rufen sie: ›Lasst ihn, haltet, bindet nicht!‹ Genau dasselbe hat auch
Petrus bei der Leidensankündigung getan. In Matthäus 16,22 heißt
es: ›Und Petrus nahm ihn zu sich, fuhr ihn an, und sprach: Herr,
schone deiner selbst, das widerfahre dir nur nicht‹ (Luther-Über-
setzung). Es sind genau diese Zahlen, 16 und 22, die in dieser Arie
vorkommen. Das Vorspiel des Orchesters hat 16 Takte, und wenn
der Chor ruft ›bindet nicht!‹ erscheint die Taktzahl 22.«[111]

---

111 A. a. O., 73.

Soweit ein Einblick in die Grammatik von Bachs Musiksprache. Solche Überlegungen sind nicht unumstritten; vielen Interpreten erscheinen sie zu spekulativ. Letztlich müssen es Wahrscheinlichkeitsaussagen bleiben, aber sie können durchaus in eine plausible Richtung deuten.

Zur Situation von Lied und Musik heute

1. Pluralisierungsprozesse

Im Gegensatz zur lutherischen Reformation stand in der evangelischen Theologie des 20. Jh. – nicht zuletzt durch die Vorherrschaft der Dialektischen Theologie Karl Barths und seiner Weggenossen – die Verkündigung durch das gesprochene Wort im Zentrum des theologischen Interesses. Noch in den 1960er-Jahren wurden Liturgie und Hymnologie als nebensächlich betrachtet. Eine Folge war die häufig beklagte Intellektualisierung des evangelischen Gottesdienstes. Erst in den 1980er-Jahren wurde neu entdeckt, dass die Theologie des Wortes durch eine Theologie der Klanggestalt des Wortes zu erweitern ist.[112] Damit das Evangelium das Herz des Menschen erreicht, muss es zum »klingenden Wort und zur leibhaften Stimme« werden.[113]

Schon lange vorher hatte es liturgische und hymnologische Neuansätze gegeben, die dazu beitrugen, dass diese Erkenntnis jetzt an Boden gewinnen konnte. Die 1918 gegründete Hochkirchliche Vereinigung und die seit den 1920er-Jahren sich formierende Berneuchener Bewegung bemühten sich um eine Erneuerung der Liturgie und ihres Gesangs; seit 1931 wurde in der »Kirchlichen Arbeit von

---

112 So Möller, »Ein neues Lied wir heben an«, 12; vgl. dazu Gerd Heinz-Mohr, der das Wesen der Kirche sogar vom Hymnus her definiert: »Das heißt … daß Kirche ihr Wesen im Lob Gottes hat, und zwar im immer neu aktuellen Lob Gottes« (ders., Plädoyer für den Hymnus. Ein Anstoß und 224 Beispiele, Kassel 1981, XV).

113 So Christian Möller in seinem Vorwort zu: Christa Reich, Evangelium: klingendes Wort. Zur theologischen Bedeutung des Singens, hg. von Christian Möller in Verbindung mit der Hessischen Kantorei, Stuttgart 1997, 8; vgl. dazu auch Christa Reichs Ausführungen, die in die gleiche Richtung gehen: a. a. O., bes. 11 ff.

Alpirsbach« die Gregorianik wiederentdeckt und in den 1930er-Jah-
ren in der Bekennenden Kirche versucht, die evangelische Kirchen-
lieddichtung mit Heinrich Vogel, Rudolf Alexander Schröder, Arno
Pötzsch und Jochen Klepper zu erneuern.[114] Ein weiterer Schritt
erfolgte seit 1960: Hatte man vorher – ausgehend vom Erbe der
Bekennenden Kirche – gemeint, dass nur herbe und getragene
Melodien dem geistlichen Lied angemessen waren, fand durch Ernst
Langes Musical »Halleluja Billy« der US-amerikanische leichte und
rhythmische Musikgeschmack auch im evangelischen Kirchenlied
Eingang.[115] Noch mehr trugen dazu die »neuen geistlichen Lieder«
bei, die sich seit einem Liederwettbewerb der Tutzinger Akademie
von 1960 vor allem durch die Kirchentage in den Großkirchen aus-
breiteten. Parallel dazu gewannen die afro-amerikanischen Gos-
pels und Spirituals immer mehr an Breitenwirkung, was sich an der
Gründung vieler Gospelchöre gerade in Kirchengemeinden zeigte.[116]
Ein kirchenmusikalisches Phänomen ganz eigener Art stellten die
in den jungen evangelischen Kommunitäten entstehenden Lieder
dar, wobei die Gesänge von Taizé, der ältesten und bis heute größten, ursprünglich evangelischen, Kommunität, es sogar ins neue EG
schafften (Ausgabe für die Ev.-Luth. Landeskirche Sachsen: EG 789).
Inzwischen hat sich das Feld des im Gottesdienst gesungenen Liedes
noch weiter ausdifferenziert.

---

114 Vgl. Christian Grethlein, Abriß der Liturgik. Ein Studienbuch zur Gottes-
      dienstgestaltung, Gütersloh 1989, 69; zur Berneuchener Bewegung vgl.
      Rudolf Stählin, Die Geschichte des christlichen Gottesdienstes von der
      Urkirche bis zur Gegenwart, in: Leiturgia. Handbuch des evangelischen
      Gottesdienstes, hg. von Karl Ferdinand Müller und Walter Blankenburg,
      Bd 1: Geschichte und Lehre des evangelischen Gottesdienstes, Kassel 1954,
      78. Im Hinblick auf die Bekennende Kirche vgl. Dietrich Bonhoeffer, Das
      innere Leben der deutschen evangelischen Kirche (Vortrag über die Ge-
      schichte des evangelischen Kirchenlieds), in: DBW, Bd 14, hg. von Otto
      Dudzus u. a., Gütersloh 1996, 714–720; Westermann, Das Loben Gottes
      in den Psalmen, 5 f.
115 Vgl. hier und im Folgenden Möller, »Ein neues Lied wir heben an«, 16 f.
116 Johann Hinrich Claussen, Gottes Klänge. Eine Geschichte der Kirchen-
      musik, München 2014, 305–344.

2. Forcierte Subjektivität und Emotionalität: Charismatische Lobpreiskultur[117]

Die charismatischen Lieder gehören in den Rahmen des Neuaufbruchs des neuen geistlichen Liedes seit den 1960er-Jahren. Sie haben meist kurze, einfache Texte und sind aufgrund ihrer Melodien, die meist der angelsächsischen Popmusik entstammen, leicht mitzusingen. Nur einige wenige charismatische Lobpreislieder sind ins EG gelangt – und auch da nur in dessen Regionalteile.[118] Das steht in einem umgekehrt proportionalen Verhältnis zur Beliebtheit der Lieder bei Jugendlichen und jungen Erwachsenen in Kirchen und Freikirchen. Nach meiner, zugegebenermaßen eingeschränkten, Beobachtung haben heute nur solche Kirchgemeinden einen hohen Prozentsatz an jugendlichen Gottesdienstteilnehmenden aufzuweisen, in denen wenigstens ein Mix aus traditionellen Gesangbuchliedern und Lobpreisliedern gesungen wird.

Als typisches Bild von pfingstlich-charismatischen Gottesdiensten werden in den Medien gerne Menschen mit zur Anbetung erhobenen Händen gezeigt. Konkret sehen Lob und Anbetung im charismatischen Gottesdienst so aus, dass die Gottesdienstteilnehmenden entweder sitzen, knien, stehen oder tanzen, die Hände falten oder erheben. Sie singen über einen längeren Zeitraum, zwischen 30 und 60 Minuten, begleitet und geleitet von einer Band, meist in jüngster Zeit entstandene, oft einstrophige Chorusse, die durch einen Beamer gut sichtbar an die Wand geworfen werden. Das Singen wird immer wieder unterbrochen von Zeiten der Stille oder Gebeten in freier Form. Neben dem eigentlichen Lobpreisteil kann es auch an anderen Stellen im Gottesdienst spontan zu weiteren kurzen Lobpreiszeiten kommen.

Vergleicht man die charismatischen Lobpreiszeiten mit dem Lob Gottes in der traditionellen Liturgie, werden die Charakteristika charismatischen Lobpreises erkennbar. Im Gegensatz zum traditionellen evangelischen Gottesdienst, aber auch zur katholischen Messe, ist bei den Teilnehmenden eine Vielfalt von körperlichen Ausdrucks-

---

117 Vgl. im Folgenden Peter Zimmerling, Charismatische Bewegungen, Göttingen ²2018, 137–162.

118 Dazu im Einzelnen Möller, Kirchenlied, 303.

möglichkeiten zu beobachten. Während die traditionelle Liturgie vom
Lob Gottes durchzogen wird, ist es im charismatischen Gottesdienst
in einer einzigen Anbetungsphase konzentriert, was in der äußeren
Wahrnehmung einer Aufwertung von Lobpreis und Anbetung gleich-
kommt. Am auffälligsten ist das Bemühen, im Lobpreisteil dem spontanen Wirken des Geistes Raum zu geben, indem keine ein für alle
Mal festgelegte Ordnung für die Lieder und anderen Beiträge vor-
gesehen ist. Jeder Gottesdienstteilnehmer soll die Möglichkeit haben,
das einzubringen, wozu der Geist ihn unmittelbar bewegt.

In der charismatischen Lobpreisliteratur, in Lobpreisseminaren
und im gottesdienstlichen Lobpreisteil wird häufig auf bestimmte
biblische Aussagen Bezug genommen, um damit die eigene Lobpreispraxis zu legitimieren. Dazu gehört Ps 22, 4, wo es heißt: »Du
aber bist heilig, der du thronst über den Lobgesängen Israels.«
Charismatiker begründen mit diesem Vers die epikletische und
offenbarungstheologische Funktion von Lobpreis und Anbetung.
Indem Gott gelobt und angebetet wird, entsteht ein Raum seiner
Gegenwart, in dem er sich im Geist offenbart. Ähnlich häufig wird
Ps 50, 23 zitiert: »Wer Dank opfert, der preiset mich, und da ist der
Weg, dass ich ihm zeige das Heil Gottes.« Charismatiker sind überzeugt, dass durch Loben und Danken göttliche Kräfte in das Leben
des Betenden hineinströmen. Gebet ist für Charismatiker ein pneu-
matisches Geschehen, ein Charisma.[119] Es ist für sie nicht nur Bitte
des Menschen an Gott (wovon unser Wort »Gebet« etymologisch
abgeleitet ist), sondern ein pneumatisch gewirktes Gespräch zwischen dem Betenden und Gott, in dem Reden mit Gott und Hören
auf Gott zusammengehören.[120] Nichts anderes wollen auch Bach-
Kantate und Paul-Gerhardt-Lied sein.

---

119 »Auch christliches Gebet ist nicht natürliche Möglichkeit – das wäre das
     Plappern der Heiden –, sondern Geschenk des Geistes, das im Glauben
     aufgenommen wird … Wir bleiben während unserer Gebete immer vom
     Geist Gottes abhängig« (Larry Christenson, Komm Heiliger Geist! Infor-
     mationen, Leitlinien, Perspektiven zur Geistlichen Gemeinde-Erneuerung,
     Metzingen/Neukirchen-Vluyn 1989, 299).
120 Vgl. Hans-Dieter Reimer, Wenn der Geist in der Kirche wirken will. Ein
     Vierteljahrhundert charismatische Bewegung, Stuttgart 1987, 78.

Ein weiteres wichtiges Kennzeichen charismatischen Lobpreises ist seine Ganzheitlichkeit. Gott soll mit Leib und Seele gelobt und angebetet werden. Charismatiker berufen sich dabei auf Vorbilder des Alten Testaments.

Die charismatischen Lobpreis- und Anbetungslieder haben ein deutlich theozentrisches Gefälle. Der Lobpreisgottesdienst soll nach charismatischer Auffassung zur Anbetung Gottes um seiner selbst willen führen.[121] Diesem Ziel entspricht der Charakter des überwiegenden Teils des genuin charismatischen Liedgutes. Die Lieder sind geprägt von der Freude an Gott, der Dankbarkeit über sein Heilshandeln und dem Aussprechen seiner Größe.[122]

Lob und Anbetung Gottes verleihen der charismatischen Spiritualität eine österlich-pfingstliche Grundstimmung. Schon häufig sind die Freude und ein damit verbundener Festcharakter als deren Merkmale hervorgehoben worden. Charismatiker interpretieren das Pfingstereignis als Intensivierung der Gemeinschaft mit Gott. Diese hätte sich für die Jünger »in der Kraft, die ihre Gebete belebte«, gezeigt.[123] Eine andere Ursache für die österlich-pfingstliche Grundstimmung liegt in einer Eigenart des charismatischen Gebetsverständnisses, das mit der Religionspsychologie als »affirmatives Gebet« bezeichnet werden kann.[124] Charismatiker wollen durch das Gebet die charismatischen Kräfte des Geistes Gottes für sich in Anspruch nehmen. Indem sie auf die großen Möglichkeiten des Geistes verweisen, tritt der Gedanke an Schuld und Versagen zurück.

Wie sind die skizzierten charismatischen Überlegungen zu Lobpreis und Anbetung zu beurteilen? Das Programm einer ganzheitlichen Lobpreispraxis stellt einen wichtigen Schritt auf dem Weg zur Überwindung der Intellektualisierung des traditionellen evangeli-

---

121 Vgl. Gerhard Bially, Tips für Anbetungsleiter, in: ders./Hans-Dieter Passon (Hg.), Charisma. Geistliche Erneuerung gestern – heute – morgen, Schorndorf 1985, 43: »Im Allerheiligsten [dem Ziel der Anbetung] fällst du vor ihm nieder und kannst nur noch von ihm singen, Jesus, Jesus, Jesus.«

122 Eine repräsentative Auswahl charismatischen Liedguts bietet: Martha und Helmut Trömel, Du bist Herr – Selection. Anbetungslieder, Wiesbaden 1995.

123 Christenson, Komm Heiliger Geist, 299.

124 Mit Hans-Diether Reimer, Wenn der Geist, 90.

schen Gottesdienstes dar. Das entspricht biblischen Überzeugungen,
die davon ausgehen, dass der Mensch von seinem Schöpfer mit
unterschiedlichen Sinnen und Ausdrucksmöglichkeiten begabt ist.
Die Lobpreiskultur charismatischer Bewegungen betont zu Recht
die Bedeutung von Gesang und Musik für den Glauben. Dabei stellt
sie vor allem die pneumatische Dimension des Singens heraus, die
in der evangelischen Tradition lange übersehen worden ist. Indem
sich im Singen Erkenntnisse auf eine Weise erschließen, in der die
Emotionen integriert sind, erfolgt eine Vergewisserung des Glaubens. Charismatiker weisen schließlich auf die Bedeutung von Lob
und Anbetung Gottes als Quelle von Ermutigung, Lebenskraft und
Heilung hin. Das entspricht neueren praktisch-theologischen Überlegungen, die die Bedeutung des Lobes für den Gottesdienst und
das Leben in der Welt hervorheben:[125] »Im Lob Gottes finden die
Christen das Leben, das durch Hunger, Ungerechtigkeit, ökologische
Katastrophen bedroht ist.«[126]

Problematisch an der charismatischen Lob- und Anbetungspraxis
scheint vor allem eines: Die Klage kommt darin anders als etwa in
den Psalmen nicht vor. Das hat zwei Gründe: Die Konzentration auf
das spontane Wirken des Geistes in der Gegenwart lässt nicht nur
die Dankbarkeit für sein vergangenes Wirken zurücktreten; auch
die Hoffnung auf sein zukünftiges Wirken wird unwichtig. Weil die
Klage von der Hoffnung auf das eschatologische Wirken des Geistes
lebt, hat sie in der charismatischen Anbetungskultur keinen Raum.
Zudem erlaubt das ausschließlich österlich-pfingstliche Verständnis des Geisteswirkens in charismatischen Bewegungen keine theologische Begründung der Klage: Die fehlende Berücksichtigung des
Geisteswirkens im Leiden und Sterben Jesu Christi führt zu einem
triumphalistisch eingefärbten Geistverständnis. Die Konzentration
auf das machtvolle, spektakuläre Geisteswirken, wie sie in den spezifisch charismatischen Lobpreis- und Anbetungsliedern sichtbar wird,
verhindert, dass charismatische Bewegungen einen positiven Sinn

---

125 Vgl. z. B. Jürgen Seim/Lothar Steiger (Hg.), Lobet Gott. Beiträge zur theo-
     logischen Ästhetik. Festschrift Rudolf Bohren zum 70. Geburtstag, Mün-
     chen 1990; Heinz-Mohr, Plädoyer für den Hymnus, XI–XXIV.
126 Josef Smolík, Die Unfähigkeit zum Lob, in: Seim/Steiger, Lobet Gott, 21.

des Leids erkennen und in ihr Geistverständnis integrieren können. Weil in der charismatischen Anbetung das Leid nur als zu überwindendes oder bereits überwundenes, nicht aber in Form der Klage zur Sprache kommt, muten viele charismatischen Lieder auffallend wirklichkeitsfern, regelrecht erd- und weltlos an.

Das Fehlen der Klage führt noch zu einem weiteren Problem charismatischer Gottesdienstkultur: Alle Gottesdienste sind geprägt von einer emotional erhöhten Stimmungslage. Auch wenn diese Grundstimmung von Charismatikern mit der freudigen Erwartung des spontanen Wirkens des Geistes begründet wird, kann man sich des Eindrucks nicht erwehren, dass sie weniger inhaltlich begründet, als vielmehr durch ständige Wiederholung der gleichen Anbetungslieder und durch die musikalische Intensität bei gleichzeitiger, erwartungsvoller Bereitschaft der Anbetenden auf manipulativem und suggestivem Wege erzeugt wird.

Inzwischen haben verschiedene Theologen, die zur traditionellen amerikanischen Pfingstbewegung zählen, selbstkritisch soziologische Kategorien zur Erklärung der Dominanz von »happy songs« in charismatischen Gottesdiensten herangezogen.[127] Die Pfingstbewegung stellt diesen Untersuchungen zufolge ein getreues Spiegelbild der amerikanischen Gesellschaft dar und liefere mit der Ausblendung der Klage aus dem Gottesdienst die religiöse Legitimation der in dieser Gesellschaft vorherrschenden Lebensphilosophie. Deshalb fordern die Autoren, dass die charismatische Anbetungskultur das Leid nicht länger verdrängt, sondern ihm in der Klage eine Stimme verleiht. Weil in Jesus Christus Gott selbst gelitten hat, muss im christlichen Gottesdienst auch das menschliche Leiden zur Sprache kommen. Möglicherweise ist diese Passgenauigkeit zur Gemütslage der US-amerikanischen Gesellschaft ein Grund, wieso die charismatischen Bewegungen in Deutschland immer klein geblieben sind. Die deutsche Gesellschaft kennt schon wegen der Shoa und zweier verlorener Weltkriege keinen unhinterfragten Optimismus.

---

127 So z. B. Michael K. Adams, Music That Makes Sense: Inclusivenes of the Lament May Be the Key to Renewal in the Church, in: To The Ends Of The Earth, 23rd Annual Meeting of the Society For Pentecostal Studies, Guadalajara, Mexico, 11.–13. Nov. 1993, 1–11.

Herausforderungen

1. Traditionsabbruch und bleibende Prägekraft der Kernlieder des Gesangbuchs

Dass der traditionelle evangelische Choral in einer Krise steckt, hat unterschiedliche Ursachen. Aufgrund von Technisierung und Kommerzialisierung ist es bei vielen Menschen zum Absterben jeder eigenen musikalischen Aktivität gekommen.[128] Bis zur Massenherstellung von Radios war das noch anders. Man macht sich von der früheren Verbreitung des Liedersingens heute kaum noch einen Begriff.[129] Wer Musik haben wollte, musste selber singen und musizieren! Die Lieder des Gesangbuchs waren ein Stück Gebrauchslyrik. Tatsächlich können sie ihr spirituelles Potenzial erst dann entfalten, wenn sie regelmäßig gesungen und gebetet werden.

Dazu kommt ein zweites Problem: Wie schon erwähnt, kam es seit dem Ende der 1960er-Jahre bei der Weitergabe eines Kernbestands von Gesangbuchliedern an die nachfolgende Generation zu einem Traditionsabbruch. Die Gründe sind wiederum verschieden. Alltagssprache und Musikgeschmack, gerade junger Menschen, haben sich weit von der Sprachgestalt und Melodie der traditionellen Gesangbuchlieder entfernt. Außerdem fehlen im Rahmen der religiösen Sozialisation Instanzen – Eltern, Erzieherinnen und Erzieher, Lehrerinnen und Lehrer, Pfarrerinnen und Pfarrer –, denen die Lieder vertraut sind und die sich engagieren, einen Kernbestand an die nachwachsende Generation weiterzugeben.

Auf der anderen Seite ist die Bedeutung, die Lieder grundsätzlich für evangelische Spiritualität auch heute noch besitzen, unübersehbar. Ein Beleg dafür ist die Beliebtheit der charismatisch geprägten Lobpreislieder bei Jugendlichen und jungen Erwachsenen. Nach meiner Erfahrung lässt sich bei ihnen auch das Interesse für das traditionelle Gemeindelied wecken, wenn ein Zusammenhang mit eigenen biografischen Erfahrungen hergestellt wird.

---

128 Vgl. zum Problem und zu den Lösungsmöglichkeiten im Einzelnen: Reich, Singen.

129 Im Hinblick auf die Zeit Paul Gerhardts vgl. Christian Bunners, Paul Gerhardt. Weg, Werk, Wirkung, Göttingen 2006, 44 f.

Entscheidend für die Zukunft des Gesangbuchlieds wird sein, ob es gelingt, hymnologische Tradition und Situation miteinander zu versprechen, d. h. einerseits der nachwachsenden Generation eine Brücke zum traditionellen evangelischen Choral zu bauen und gleichzeitig das moderne Lied wie z. B. Lobpreislied, Gospel, Spiritual und Taizégesang in den Gottesdienst zu integrieren. Damit die Weitergabe der evangelischen Choräle an die kommende Generation gelingt, ist es nötig, dass zunächst die Eltern- und Lehrergeneration selbst Zugang zu ihnen findet und die Notwendigkeit ihrer mystagogischen Aufgabe für die nachwachsende Generation erkennt.[130] Umgekehrt sollten Jugendliche und junge Erwachsene verstehen, dass die ältere Generation ihrerseits Vermittlungshilfen für das moderne geistliche Lied benötigt. Vor allem Jugendchor- bzw. Jugendbandleiter haben in beiden Richtungen eine wichtige gemeindekulturpädagogische Aufgabe.[131] Es bedarf pädagogischer Anstrengungen und Fantasie, um Kindern und Jugendlichen einen Zugang zu den Gesangbuchliedern zu eröffnen.

Evangelische Spiritualität ist von Haus aus Lied- bzw. Gesangbuchspiritualität. In den Liedern sind die spirituellen Erkenntnisse und Erfahrungen von Generationen evangelischer Christen wie in einem Schatzhaus aufbewahrt. Die Pflege des traditionellen Chorals ist vor allem deshalb wichtig, weil darin Christus in einer Weise verkündigt wird, wie es heute kaum noch jemand zu formulieren vermag. Wenn diese Glaubensinhalte nicht einmal mehr in den Liedern gesungen werden, gehen sie endgültig verloren. Denn was nicht mehr

---

130 Das Impulspapier der EKD von 2006 schlug vor, die zwölf wichtigsten evangelischen Lieder – deren Auswahl in einem Verständigungsprozess noch zu treffen war – in kirchlichen Kindergärten, in evangelischen Schulen, im Religionsunterricht, in Konfirmandengruppen und in Fortbildungsseminaren zu memorieren und zu interpretieren (Kirche der Freiheit. Perspektiven für die Evangelische Kirche im 21. Jh. Ein Impulspapier des Rates der EKD, Hannover 2006, 79).

131 Dazu Peter Bubmann, Kriterien und Perspektiven für gottesdienstliche Musik in einer sich verändernden Gesellschaft, in: Irene Mildenberger/ Wolfgang Ratzmann (Hg.), Klage, Lob, Verkündigung. Gottesdienstliche Musik in einer pluralen Kultur, Beiträge zu Liturgie und Spiritualität, Bd. 11, Leipzig 2004, 32 ff.

gesungen wird, wird bald auch nicht mehr geglaubt werden.[132] Die Fülle der evangelischen Glaubensinhalte und das spezifische Profil evangelischer Spiritualität wird zukünftig nur dann bewahrt und in der Ökumene zur Geltung gebracht werden können, wenn es gelingt, neben modernen geistlichen Liedern und Songs auch den traditionellen evangelischen Choral in Gottesdienst und individueller Frömmigkeit als für alle Gemeindeglieder zugängliche Sprachschule des Glaubens zu pflegen. Eine Möglichkeit dazu stellt die Liedpredigt dar.

2. Kirchenmusik zwischen Glaubensverkündigung und Ersatzreligion

Die Beliebtheit von geistlicher Musik ist in Kirche und Gesellschaft ungebrochen, was sich gerade daran zeigt, dass sie häufig auch im säkularen Kontext aufgeführt wird. Sie erweist sich darin als Brücke zur Welt.[133] Das gilt für den »Messias« von Händel nicht anders als für den »Elias« von Mendelssohn Bartholdy, aber auch für das »Requiem« von Mozart oder das »Deutsche Requiem« von Brahms oder die afroamerikanische Gospelmusik – und erst recht für das »Weihnachtsoratorium«, die »Matthäus-« und die »Johannespassion« Johann Sebastian Bachs.[134] Überwältigend ist meist auch das Interesse für Kirchenmusik im Rahmen von Gottesdiensten und Kirchenkonzerten: Die Aufführung einer Kantate im Gottesdienst ist in vielen Gemeinden eine Garantie für gute Gottesdienstteilnahme.

Die weltweite Aktualität und Beliebtheit gerade Bachs hat eine Reihe von Ursachen – wobei diese Gründe mutatis mutandis auch für die anderen genannten kirchenmusikalischen Werke gelten. Dazu gehört die große Bandbreite der Empfindungen, die in ihr zum Ausdruck gebracht werden. In Bachs Musik wird das menschliche Leben in seiner ganzen Fülle und mit all seinen Emotionen thematisiert: Geburt und Tod, Erwachsenwerden und Altern, Gesund-

---

132 Vgl. dazu Niko Natzschka, Jesus im evangelischen Liedgut, Martin-Luther-Kirche, Würzburg (http://www.wuerzburg-martin-luther.de/theolog/Lieder. htm; abgerufen am 21.4.2020); den Hinweis verdanke ich Frank Weigelt, Marburg.
133 Christfried Brödel, Kirchenmusik als Brücke in die Welt, in: Zimmerling, Handbuch Evangelische Spiritualität, Bd. 3, 341–356.
134 Claussen, Gottes Klänge.

heit und Krankheit, tiefste Trauer und höchste Freude, bitterer Hass
und innigste Liebe, schreckliches Leiden und völliges Glück. Bach
ist es in seiner Musik gelungen, den gesamten Kosmos zum Klingen zu bringen. Ludwig van Beethoven formulierte prägnant: »Nicht
Bach, Meer sollte er heißen.« Im Kosmos von Bachs Musik fühlen
sich erstaunlich viele Menschen angesprochen. Darüber hinaus wird
auch der säkularste Zeitgenosse von Bachs Botschaft berührt, dass
es Hoffnung auf Erlösung aus den Leiden dieses Lebens gibt. Sie
lässt Menschen erahnen, dass jenseits der Kerkermauern des eigenen Ichs noch eine andere Welt existiert. Die Botschaft von dieser neuen, anderen Welt verkündet Bachs Musik in herausragender
Weise, ohne dass sie unbedingt als spezifisch christlich identifiziert
werden müsste.

Christen erleben darüber hinaus, dass Bach in seiner geistlichen
Vokalmusik den eigenen Glaubenserfahrungen Ausdruck und
Stimme verleiht. Dabei besteht die Genialität von Bachs Komposi-
tionskunst darin, dass die Musik mit den gesungenen Worten kor-
respondiert und so in ihrem Inhalt noch verstärkt wird. Dadurch
werden Tiefenschichten im Menschen vom Evangelium angesprochen, die durch das gesprochene Wort allein nicht erreicht werden.
Die häufig wiederholte Botschaft der Arien vermittelt der stressgeplagten Seele Ruhe und Gelassenheit. Bachs Kirchenmusik ist so
tief und reich, dass die Hörer immer Neues entdecken, sich immer
wieder andere Perspektiven eröffnen.

Der schwedische Erzbischof Nathan Söderblom (1866–1931)
schreibt: »Fragt man mich nach einem fünften Evangelium, so nenne
ich ohne Zögern die Dolmetschung der Erlösungsgeschichte, die
ihren Höhepunkt in Johann Sebastian Bach erreicht hat. Ich hatte
früher schon die Matthäus-Passion und die h-Moll-Messe studiert,
als ich sie zum ersten Mal würdig aufführen hörte in der Thomas-
Kirche in Leipzig, erhielt ich einen tieferen Einblick in das Myste-
rium des Leidens und der Fleischwerdung (Christi) als je zuvor.«[135]
Wie Söderblom bin auch ich der Überzeugung, dass die Musik

---

135 Zit. nach Rolf Schweizer, Bach und (k)ein Ende? Kirchenmusik zwischen
     Kontemplation und spaßigem »Event«, in: Deutsches Pfarrerblatt 100, 2000,
     348.

Johann Sebastian Bachs nur von ihrem theologischen Hintergrund
her angemessen verstanden werden kann. Das soll natürlich nicht
heißen, dass es keinen rein ästhetischen Zugang zu seiner Musik –
unter Absehung von ihrer theologischen Verankerung – geben
könnte. Bachs Musik wird dadurch allerdings – gegen seine ausdrückliche Intention – zum Religionsersatz.

3. Lied und Musik im Gottesdienst: Wege zu einer Mystik für jedermann und jedefrau

Lied und Musik im Gottesdienst stellen nicht zuletzt ein wichtiges
Mittel dar, um einen Zugang zu mystischer Spiritualität zu finden.[136]
Seit der Reformationszeit wird der evangelische Gottesdienst neben
der Predigt vor allem durch die Gesangbuchlieder geprägt, die ihn
wie ein roter Faden durchziehen. Eine Vielzahl der beliebtesten
Choräle zeichnet eine Nähe zur Mystik aus: »Vom Himmel hoch, da
komm ich her«; »Wie schön leuchtet der Morgenstern«; »Ich steh
an deiner Krippen hier«; »Gott ist gegenwärtig«; »Jesu, geh voran«;
»Von guten Mächten wunderbar geborgen«. Viele bekannte Liederdichter waren gleichzeitig Mystiker. Das gilt von Martin Luther
über Philipp Nicolai, Paul Gerhardt, Gerhard Tersteegen und
Nikolaus Ludwig von Zinzendorf bis hin zu Dietrich Bonhoeffer.
Die Mystik sang und singt sich durch die Gesangbuchlieder quasi
nebenbei in die Herzen der Gottesdienstteilnehmenden. Da die
Lieder jahrhundertelang auch die Privatfrömmigkeit bestimmten,
war mit ihnen von Anfang an ein entscheidender Ansatzpunkt zur
Demokratisierung evangelischer Mystik gegeben. Gerade heute
gewinnen viele von Haus aus säkulare Menschen im Hören geistlicher Musik einen Zugang zum christlichen Glauben. Die Musik
selbst wird für sie zur geistlichen Erfahrung. Sie erfahren sie als
Realpräsenz Gottes.

---

136 Vgl. im Einzelnen Zimmerling, Evangelische Mystik, 251–260.

4. Potenziale der Kirchenmusik für Glauben, Gottesdienst und Leben. Zusammenfassende Thesen

1. Das gemeinsame Singen, Musizieren und Hören lässt die ekklesiologische Dimension des Glaubens erfahrbar werden.[137]

2. Lied und Musik ermöglichen einen ganzheitlichen Zugang zu den Inhalten des christlichen Glaubens. Sie leiten an zur Erfahrung der Freude des Glaubens. Sie helfen, dass die Glaubenswahrheiten menschliche Tiefenschichten erfassen, die sonst unerreicht bleiben. Wir hören Musik eben nicht nur mit den Ohren, sondern nehmen sie mit der ganzen Körperoberfläche wahr.[138] Das geschieht im Livekonzert am stärksten.

3. Sie leisten einen wesentlichen Beitrag auf dem Weg zur Vergewisserung des Glaubens. Sie bieten Anleitung zu einem kontrafaktischen Glauben.

4. Lied und Musik erschließen dem Glauben heute fremdgewordene Traditionsbestände, die sonst verschlossen blieben. Sie bringen auch die verstörenden Dimensionen des Glaubens zu Bewusstsein und korrigieren vertraute und liebgewordene Gottesvorstellungen.

5. Lied und Musik ermöglichen Identität und Beheimatung. Sie besitzen ein großes seelsorgerliches Potenzial, indem sie trösten, heilen, Festigkeit verleihen, neuen Mut und neue Hoffnung geben.[139]

6. Lied und Musik brechen die Kerkermauern des in sich verschlossenen Ichs auf und helfen, in den Spielraum der Freiheit einzutreten.

---

137 Vgl. dazu im Einzelnen die (empirische) Untersuchung von Jochen Kaiser, Religiöses Erleben durch gottesdienstliche Musik. Eine empirisch-rekonstruktive Studie, APTh, Bd. 71, Göttingen 2012.

138 Harald Schroeter-Wittke, Bibel als Klangraum – Bibliodrama und Musik, Bibliodrama Information 26 (2020), 31–33.

139 Vgl. zuletzt Michael Heymel, Das Gesangbuch als Lebensbegleiter. Studien zur Bedeutung der Gesangbuchgeschichte für Frömmigkeit und Seelsorge, Gütersloh 2012.

7. Lied und Musik stellen einen unüberhörbaren Einspruch gegen die Zweckrationalität des westlichen Lebens dar und ermöglichen Unterbrechung, Loslassen, Entschleunigung, Absichtslosigkeit, Dasein, Genuss. Sie enthalten ein utopisches Potenzial und geben dem Protest gegen den gesellschaftlichen Status quo eine Stimme.

8. Lied und Musik führen zur Anbetung Gottes um seiner selbst willen. Sie machen den Weg frei zu ekstatischen Gotteserfahrungen. Sie ermöglichen einen Zugang zur eschatologischen Dimension des Glaubens und lassen ein Stück Himmel bereits in dieser Welt Wirklichkeit werden.